CHINA
INTERNET FINANCE INDUSTRY REPORT
2020

中国
互联网金融年报

中国互联网金融协会 ◎ 编著

责任编辑:王雪珂
责任校对:刘　明
责任印制:程　颖

图书在版编目(CIP)数据

中国互联网金融年报.2020/中国互联网金融协会编著.—北京:中国金融出版社,2020.12

ISBN 978-7-5220-0926-1

Ⅰ.①中… Ⅱ.①中… Ⅲ.①互联网络—应用—金融—中国—2020—年报 Ⅳ.①F832.2-54

中国版本图书馆CIP数据核字(2020)第244229号

中国互联网金融年报 2020
ZHONGGUO HULIANWANG JINRONG NIANBAO 2020

出版
发行　中国金融出版社
社址　北京市丰台区益泽路2号
市场开发部　　(010)66024766,63805472,63439533(传真)
网上书店　http://www.chinafph.com
　　　　　(010)66024766,63372837(传真)
读者服务部　　(010)66070833,62568380
邮编　100071
经销　新华书店
印刷　北京侨友印刷有限公司
装订　保利达印务有限公司
尺寸　210毫米×285毫米
印张　10.25
字数　166千
版次　2020年12月第1版
印次　2020年12月第1次印刷
定价　156.00元
ISBN 978-7-5220-0926-1
如出现印装错误本社负责调换　联系电话(010)63263947

《中国互联网金融年报(2020)》编委会

主任委员： 李东荣

副主任委员（以姓氏笔画为序）：

王永红　井贤栋　朱　光　朱　勇　刘　扬　刘　萍
刘向民　刘宏华　江　阳　李　伟　李礼辉　李如东
李均锋　杨　农　何红滢　何肖锋　余文建　邹　澜
张文红　陆书春　姚余栋　柴洪峰　郭宁宁　黄宝新
黄益平　盛松成　温信祥　谢　平　谢一群

委　员（以姓氏笔画为序）：

万俊杰　马玉娟　毕新华　孙崇昌　李　倩　李　健
杨　彬　辛　路　沈一飞　陆　杨　陈则栋　易　琮
罗晓强　季海楠　金　红　周国林　庞金峰　柳　楠
侯玘松　鲁　政　詹景瑞　薄丽丽

统　稿： 张黎娜　肖　翔

序 言

近年来，在大数据、云计算、移动互联网等信息技术快速发展的推动下，以互联网支付、网络借贷（P2P）、股权众筹等为代表的互联网金融发展迅速，业务形态日趋多元，在提高金融服务效率，降低交易成本，满足多元化投融资需求，提升金融服务的普惠性和覆盖面等方面，发挥了积极作用。

互联网金融本质上仍是金融，没有改变金融风险的隐蔽性、传染性、突发性和较强的负外部性特征，而且由于互联网属性，其风险的波及面更广、扩散速度更快、溢出效应更强。当前，互联网金融在快速发展中积累了一些问题和风险：某些业态偏离了正确的创新方向，部分机构风险意识、合规意识、消费者权益保护意识不强，反洗钱、反恐怖融资制度缺失，有些甚至打着"金融创新"的幌子进行非法集资、金融诈骗等违法犯罪活动。特别是近期爆发的一系列风险事件，对行业声誉造成了较大负面影响，引起社会各界高度关注，规范互联网金融发展成为广泛共识。

党中央、国务院高度重视互联网金融发展和风险防范工作。2015年7月，经党中央、国务院同意，中国人民银行会同十部委发布了《关于促进互联网金融健康发展的指导意见》，明确了互联网金融监管的总体要求、原则和职责分工。2015年12月，中央经济工作会议明确要求抓紧开展互联网金融领域专项整治，规范发展互联网金融。2016年10月，国务院办公厅发布《互联网金融风险专项整治工作实施方案》，对互联网金融风险专项整治工作进行了全面部署安排，人民银行和相关部门也对各自监管领域分别提出实施方案。这一系列工作背后体现了党中央、国务院的高瞻远瞩，当前互联网金融各业态中所存在的乱象与畸形发展必须先破而后立，激浊而扬清。

行业自律是对行政监管的有益补充和有力支撑，也是创新监管的重要内容。在互联网金融规范发展方面，搭建行政监管与行业自律有机结合的管理体制是当前业界的共识。正是在此背景下，国务院批准成立了中国互联网金融协会。作为全国性的行业自律组织，中国互联网金融协会承担着制定互联网金融经营管理规则和行业标准，促进从业机构业务交流和信息共享，建立行业自律惩戒机制等重要职责，各界均给予了重要期望。

目前，尚处在新兴阶段的互联网金融业态多样，创新纷呈，业界和学界出版了若干报告，基于不同视角就互联网金融进行了有益探讨，但在全面性、系统性、客观性等方面有所不足。相较而言，这本中国互联网金融协会组织编著的互联网金融年报，基于主要互联网金融业态的划分，以2015年各业态总量与抽样发展数据为依托，佐以正反两方面实际案例，从概念沿革、发展模式、发展现状、困难挑战、趋势展望等方面对我国互联网金融发展的客观实际进行了较全面地研究探讨。该书可为政策制定者、从业人士、研究人员提供较为全面翔实的参考资料，也可帮助消费者系统地了解掌握互联网金融知识、提高风险意识。

最后，希望我国互联网金融逐渐正本溯源，不断树立行业正面声誉，持续为服务实体经济，促进金融普惠添砖加瓦。

中国人民银行副行长

2016年11月

（此序为中国人民银行副行长潘功胜为中国互联网金融协会2016年发布的首部年报所作）

目　录

第一章　互联网金融发展总体现状

第一节　2019年互联网金融发展环境 …………………………………………… 3

第二节　2019年互联网金融总体发展情况 ……………………………………… 16

第三节　互联网金融发展的主要问题与挑战……………………………………… 19

第四节　互联网金融的发展趋势与展望…………………………………………… 20

第二章　网络支付

第一节　2019年网络支付发展情况 ……………………………………………… 25

第二节　网络支付的发展环境……………………………………………………… 28

第三节　网络支付的主要问题与挑战……………………………………………… 30

第四节　网络支付的发展趋势与展望……………………………………………… 31

第三章　个体网络借贷

第一节　2019年个体网络借贷发展情况 ………………………………………… 37

第二节　个体网络借贷的发展环境………………………………………………… 40

第三节　个体网络借贷的主要问题与挑战………………………………………… 46

第四节　个体网络借贷的发展趋势与展望………………………………………… 48

第四章 互联网保险

第一节 2019年互联网保险发展情况 ·· 53
第二节 互联网保险的发展环境 ·· 57
第三节 互联网保险的主要问题与挑战 ·· 59
第四节 互联网保险的发展趋势与展望 ·· 60

第五章 互联网银行

第一节 2019年互联网银行发展情况 ·· 65
第二节 互联网银行的发展环境 ·· 69
第三节 互联网银行的主要问题与挑战 ·· 70
第四节 互联网银行的发展趋势与展望 ·· 71

第六章 互联网消费金融

第一节 2019年互联网消费金融发展情况 ··· 77
第二节 互联网消费金融的发展环境 ··· 82
第三节 互联网消费金融的主要问题与挑战 ··· 85
第四节 互联网消费金融的发展趋势与展望 ··· 88

第七章 互联网证券

第一节 2019年互联网证券发展情况 ·· 93
第二节 互联网证券的发展环境 ·· 99
第三节 互联网证券的主要问题与挑战 ·· 100
第四节 互联网证券的发展趋势与展望 ·· 102

第八章 互联网股权融资

第一节　2019年互联网股权融资发展情况	107
第二节　互联网股权融资的发展环境	111
第三节　互联网股权融资的主要问题与挑战	113
第四节　互联网股权融资的发展趋势与展望	114

专题

专题1　移动金融客户端应用软件备案	117
专题2　2019年网上银行服务企业标准"领跑者"评估	126
专题3　人工智能金融应用原则的国际经验与政策启示	133
专题4　互联网金融反洗钱工作持续深入推进	140

附录1　2019年中国互联网金融大事记	147
附录2　网贷行业总体情况表	151

后记 …… 154

第一章
互联网金融发展总体现状

- 2019年互联网金融发展环境
- 2019年互联网金融总体发展情况
- 互联网金融发展的主要问题与挑战
- 互联网金融的发展趋势与展望

第一节　2019年互联网金融发展环境

2019年，面对国内外风险挑战明显上升的复杂局面，在以习近平同志为核心的党中央坚强领导下，我国国民经济总体发展平稳，经济发展质量稳步提升。互联网金融风险专项整治继续开展，行业规范发展态势加速形成。互联网金融各领域监管政策逐步清晰完善，人工智能、大数据、云计算、区块链等新一代信息技术在金融领域应用更加广泛深入，行业自律作用持续有效发挥，互联网金融长效监管体制机制逐步建立。

一、国民经济增势平稳，仍面临周期性与结构性问题，互联网金融发展面临的宏观形势复杂多变

2019年，我国坚持稳中求进工作总基调，供给侧结构性改革继续深化，重要领域改革取得新突破，发展新动能不断增强，三大攻坚战取得关键进展，国民经济保持平稳运行发展态势，居民生活水平进一步改善，给互联网金融带来较大的市场潜力和发展空间。同时，经济运行中的结构性问题以及外部经济环境的不稳定也给互联网金融的持续稳健发展带来一定挑战。

（一）国民经济总体平稳，产业结构持续优化

2019年，全年国内生产总值99.09万亿元，按可比价格计算，同比增长6.10%。分产业看，第一、第二、第三产业增加值分别为7.05万亿元、38.62万亿元、53.42万亿元，同比分别增长3.10%、5.70%、6.90%（图1-1）。

从产业增加值占GDP的比重看，第一产业为7.11%，同比下降0.08个百分点；第二产业为38.97%，同比下降1.68个百分点；第三产业为53.92%，同比提高1.76个百分点。从对经济增长的贡献率来看，三大产业分别约为3.80%、36.80%和59.40%（图1-2）。互联网金融依托数字技术优势开展错位竞争，重点服务"三农"和小微企业等市场主体，实践中形成了电商金融、在线供应链金融等数字普惠金融新模式。

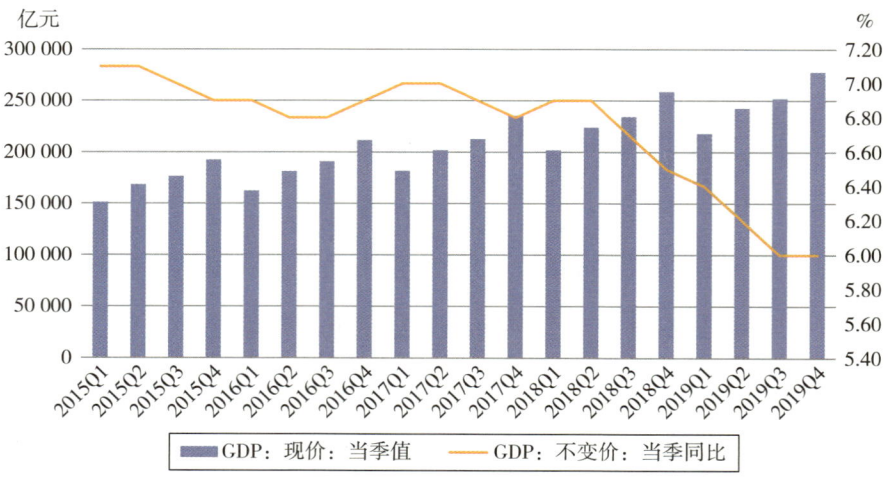

图1-1　2015—2019年中国经济增长情况

（数据来源：Wind资讯，中国互联网金融协会整理）

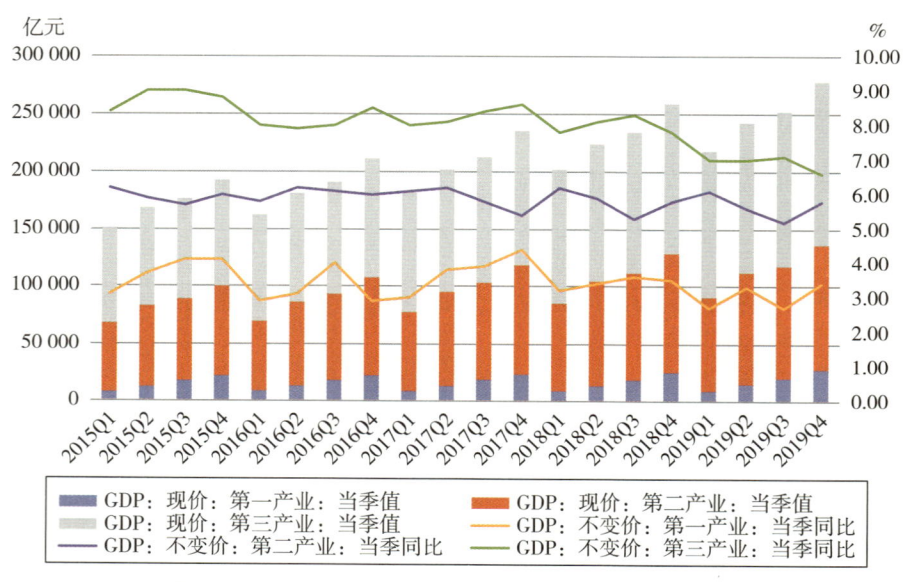

图1-2　2015—2019年中国经济增长按产业分类

（数据来源：Wind资讯，中国互联网金融协会整理）

（二）居民收入水平稳步提升，内需潜力持续释放

2019年，全国居民人均可支配收入和人均消费支出分别为30733元和21559元，同比分别增长8.90%和8.60%；扣除价格因素的影响后，实际分别增长5.80%和5.50%。按常住地分，城镇居民和农村居民人均消费支出分别为28063元和13328元，同比分别增长7.50%和9.90%；扣除价格因素的影响后，实际分别增长4.60%和6.50%（图1-3）。

第一章 互联网金融发展总体现状

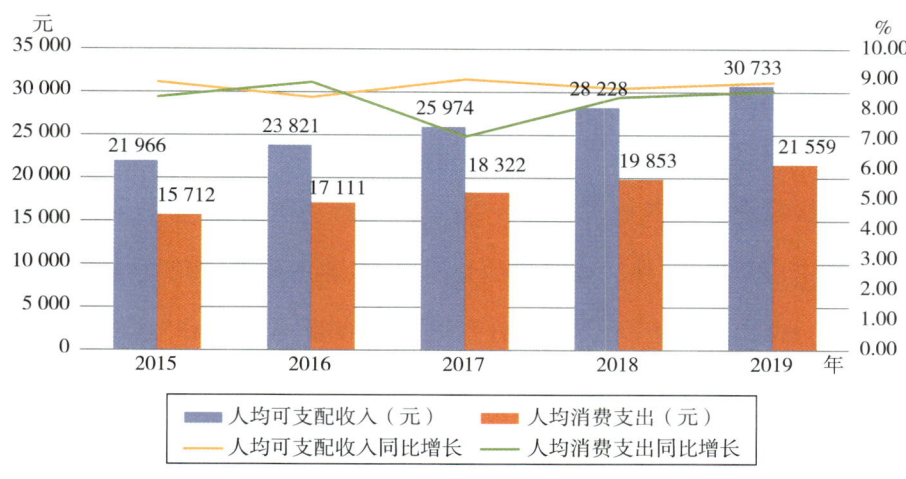

图1-3　2015—2019年中国居民收入和支出情况

（数据来源：国家统计局，中国互联网金融协会整理）

2019年，我国居民消费正处在由生存型消费向发展型消费、物质型消费向服务型消费、传统型消费向新型消费转变的上升期，居民服务型消费支出占可支配收入的比重显著增长。衣着、生活用品及服务、交通通信、教育文化娱乐、医疗保健等方面的人均消费支出较上年相应分别增长3.80%、4.74%、6.99%、12.89%、12.88%，占人均消费支出总额的比重分别为6.21%、5.94%、13.28%、11.66%、8.82%，消费升级步伐加快（图1-4）。互联网支付、互联网基金、智能投顾等互联网金融服务与产品，极大便利了居民消费行为，推动内需潜力持续释放，拓宽居民投资渠道，有效促进了储蓄向投资与消费的转化。

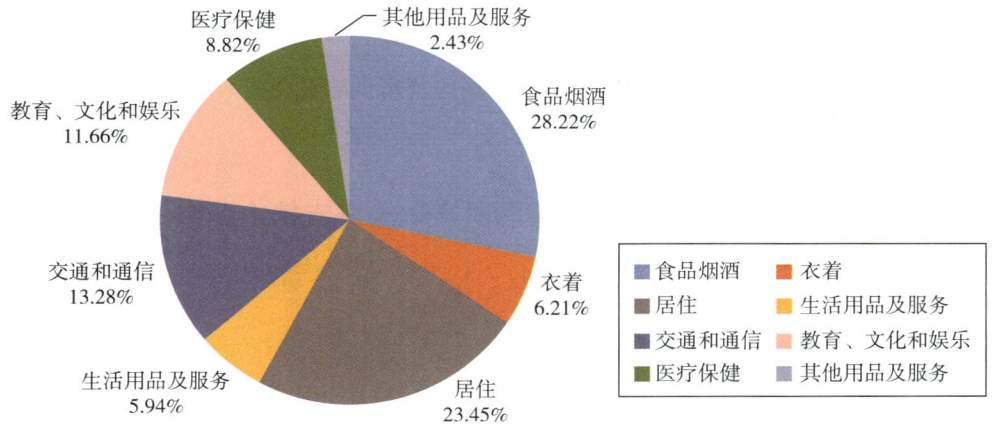

图1-4　中国居民消费支出类型分布

（数据来源：国家统计局，中国互联网金融协会整理）

（三）货币政策保持稳健中性，货币供应量合理增长

2019年，人民银行坚持稳中求进工作总基调，继续保持货币政策稳健，坚持金融服务实体经济的根本要求，综合采取逆周期调节、定向调控等多种措施，努力实现多重目标动态平衡，积极营造适宜的货币金融环境推动供给侧结构性改革和高质量发展。2019年末，广义货币供应量M2、狭义货币供应量M1和流通中货币M0的余额分别为198.65万亿元、57.60万亿元和7.72万亿元，同比分别增长8.70%、4.40%和5.40%（图1-5）。M2增速总体合理，宏观杠杆率保持稳定。货币政策有机结合供给侧结构性改革，引导金融资源配置到经济社会发展重点领域、重要区域和薄弱环节，满足实体经济领域有效融资需求。

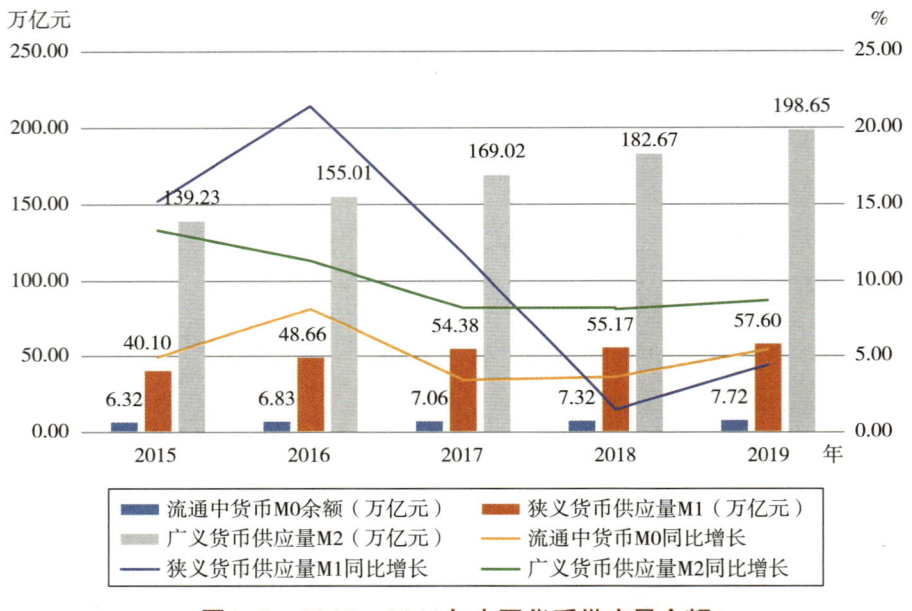

图1-5　2015—2019年中国货币供应量余额

（数据来源：中国人民银行年报，中国互联网金融协会整理）

（四）社会融资规模适度增长，金融对实体经济支持力度进一步加大

2019年末，社会融资规模存量为251.41万亿元，同比增长10.69%。全年社会融资规模增量为25.67万亿元，比上年多6.41万亿元。从结构上看，对实体经济发放的人民币贷款增量明显，全年对实体经济发放的人民币贷款增加16.88万亿元，比上年多增1.21万亿元（图1-6）。总体来看，金融对实体经济的支持力度进一步加大。

第一章 互联网金融发展总体现状

图1-6 中国社会融资规模

（数据来源：中国人民银行年报，中国互联网金融协会整理）

（五）全球经济下行压力加大，面临更多不确定性因素

2019年，全球经济增长放缓，经济下行风险增加，贸易摩擦及金融环境不确定性加大。从主要发达国家发展形势看，美国第一季度经济反弹明显，后三季度面临下行压力，经济政策不确定性显著上升；欧元区经济出现回升走势平稳，随着英国脱欧进程加快，消除部分不确定因素，法国经济温和增长，支撑了欧洲经济平稳回升；日本经济经历反弹并迅速回落，第四季度降幅明显，加剧市场恐慌情绪，经济形势前景不容乐观。新兴市场国家与发展中国家经济增长低于预期，出现不同程度下滑，区域发展差异仍然显著，结构性改革有待进一步深化，同时，全球贸易摩擦、国际金融环境收紧等不确定性因素进一步放大新兴市场国家与发展中国家经济发展脆弱性。

二、信息技术进一步发展，金融场景不断丰富，为互联网金融的持续稳定发展奠定了坚实基础

（一）国家积极推动新一代信息技术发展，政策环境不断优化

面对新一代信息技术发展重大战略机遇，为加快建设创新型国家和世界科技强国，党中央、国务院大力推动信息产业新业态发展，围绕推动人工智能、大数据、区块链等新技术应用陆续出台多项政策法规和指导意见，为新一代信息技术在金融领域的应用探索提供了重要遵循和支持。

2019年3月，中央全面深化改革委员会第七次会议审议并通过《关于促进人工智能和实体经济深度融合的指导意见》，提出构建以政府引导、市场和需求导向的人工智能产业协同发展体系。8月，人民银行印发《金融科技（FinTech）发展规划（2019—2021年）》（银发〔2019〕209号），明确提出未来三年金融科技工作的指导思想、基本原则、发展目标、重点任务和保障措施（图1-7）。同月，科技部出台《国家新一代人工智能创新发展试验区建设工作指引》（国科发规〔2019〕298号），提出开展人工智能技术应用示范、政策试验、社会实验以及推进人工智能基础设施建设四项重点任务。10月，习近平总书记在主持中央政治局第十八次集体学习时强调，区块链技术的集成应用在新的技术革新和产业变革中起着重要作用，要把区块链作为核心技术自主创新的重要突破口，明确主攻方向，加大投入力度，着力攻克一批关键核心技术，加快推动区块链技术和产业创新发展。

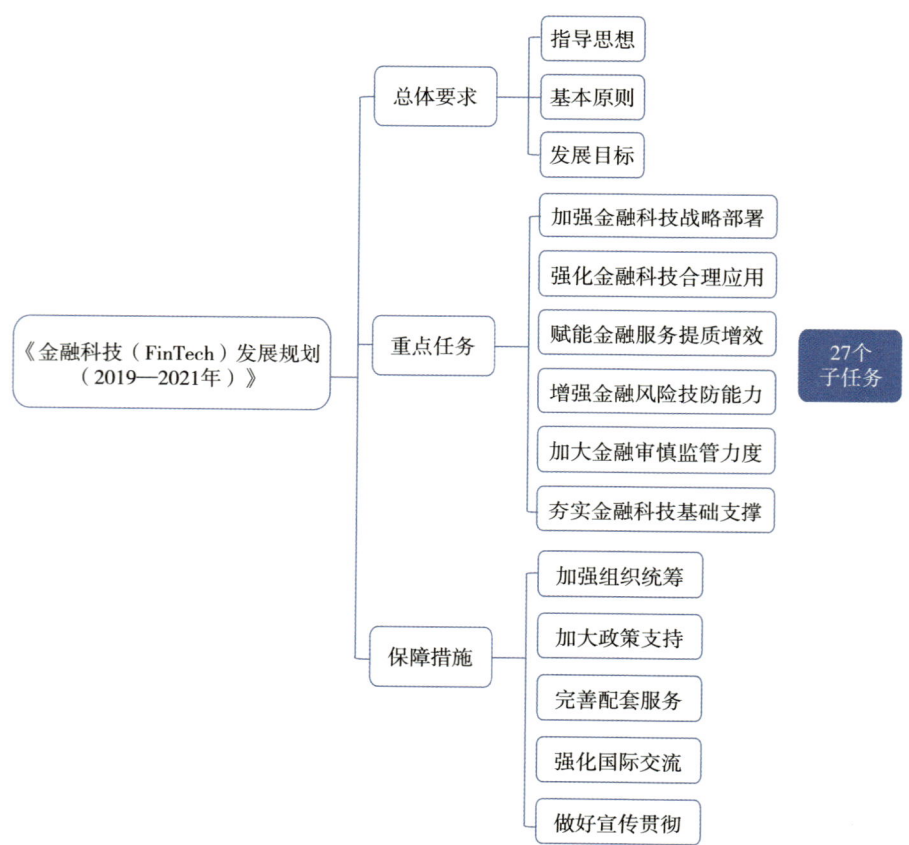

图1-7 《金融科技（FinTech）发展规划（2019—2021年）》主要内容

（资料来源：《金融科技（FinTech）发展规划（2019—2021年）》，中国互联网金融协会整理）

（二）互联网普及率不断提高，释放互联网金融应用潜力

2019年，在互联网商业模式创新、线上线下服务融合等因素的综合推动下，我国网民规模保持平稳增长。截至2019年6月，网民规模达8.54亿人，较2018年末增长3.13%，互联网普及率达61.2%，较2018年末提升个1.6个百分点。同时，手机网民规模也实现了较快增长，截至2019年6月，手机网民规模达8.47亿人；网民中使用手机上网人群的占比达99.1%，比2018年末提高0.5个百分点（图1-8）。截至2019年10月，全国超过98%的行政村通了光纤和4G，99%以上的贫困村通了宽带，网络不断向新的地域延伸，帮助更多居民能够"用得上"网络。

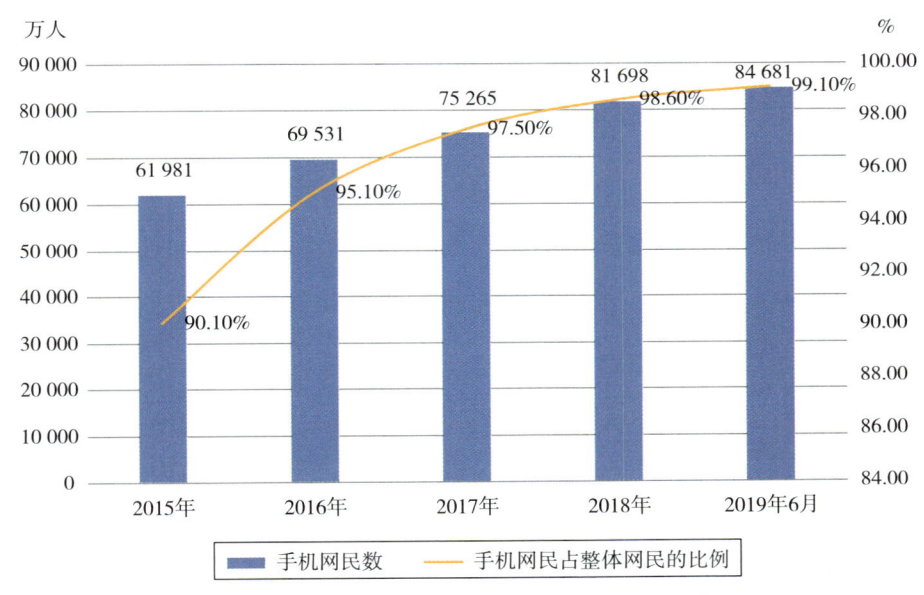

图1-8　2015—2019年中国手机网民规模

（数据来源：中国互联网络信息中心，中国互联网金融协会整理）

与此同时，网络应用持续完善，移动流量增速保持高位，网上和手机支付用户规模和使用率增幅明显，用户支付习惯逐步形成。截至2019年6月，我国使用网上支付的用户规模达6.33亿人，较2018年末增加3 265万人，增长率为5.44%，使用率达到74.10%；手机网络支付用户规模达6.21亿，较2018年末增加3 788万人，增长率为6.49%，使用率达到73.40%（图1-9）。

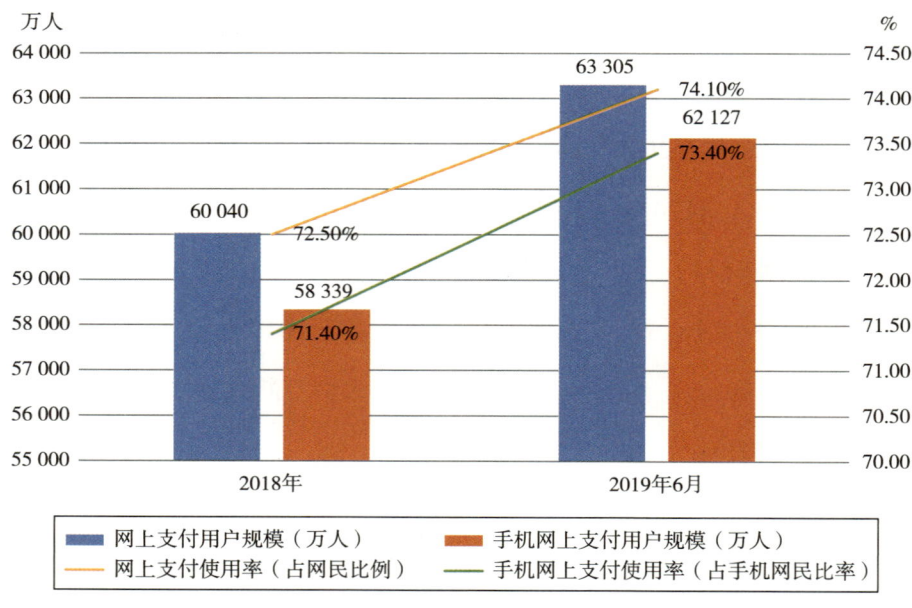

图1-9 中国网上和手机支付用户规模和使用率

(数据来源：中国互联网络信息中心，中国互联网金融协会整理)

(三)网络基础设施建设日益完善,5G网络和IPv6部署加快

2019年，以5G无线技术为代表的网络基础设施建设快速发展，实现国内多个城市的5G试点搭建和应用示范，截至2019年末，已建成5G基站超13万个，5G用户快速增长。工信部于6月发放5G商用牌照，允许运营商进一步扩大试用范围，促进5G产业蓬勃发展。5G无线技术系统将提供比前一代无线技术更快的速度（预计速度达700~3 025 Mbps），对物联网、人工智能等技术的广泛应用起到支持作用。中央办公厅、国务院办公厅印发《推进互联网协议第六版（IPv6）规模部署行动计划》（工信部通信〔2018〕77号）以来，政府部门、中央企业、基础电信企业、互联网企业、通信设备制造企业、科研机构等积极响应，推动IPv6快速发展。截至2019年末，我国IPv6地址数量为50 877块/32，较2018年末增长15.70%，IPv6活跃用户数已达2.70亿，基础电信企业已分配IPv6地址的用户数达13.92亿。流量也迅速增长，国际出口带宽为8 827 751Mbps，较2018年底增长19.8%。

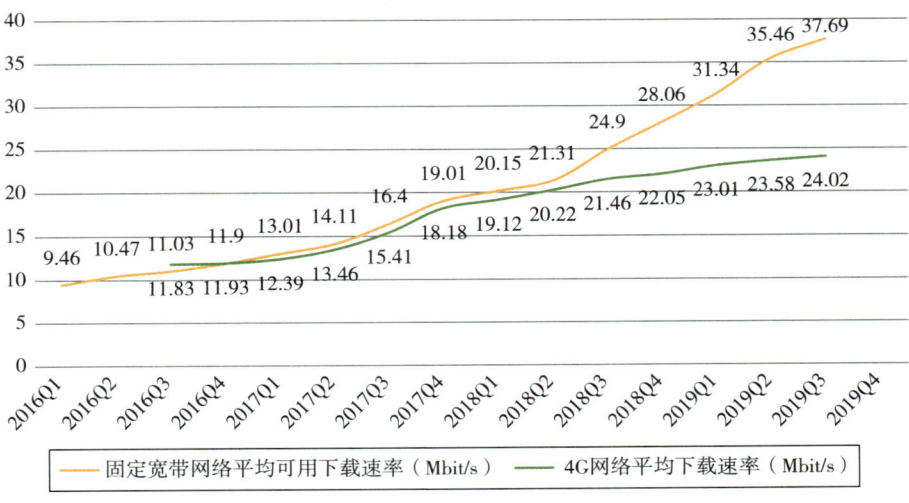

图1-10 2016—2019年中国网络下载速率

（数据来源：中国互联网络信息中心，中国互联网金融协会整理）

（四）新一代信息技术高速发展，金融领域应用不断深入

2019年，为进一步响应政府对积极应用现代信息科技实现金融创新、提高金融服务质效的号召，新一代信息技术与金融不断进行深入融合，金融应用场景不断拓宽。其中，大数据技术持续应用于客户营销、风险管理、信用评估等方面，提高业务拓展精准性，增强对逾期违约或欺诈的预警时效性。人工智能在业务咨询、投资顾问、保险理赔等方面与金融业深度融合，推动金融服务流程自动化、智能化水平持续提升，帮助从业机构形成覆盖前、中、后台的全生命周期智能金融体系。云计算架构以其降低IT成本、高可靠性和高可扩展性、自动化程度高等特点，日益成为金融领域IT基础设施的主流选择，"云会议""云协作"等也逐渐进入越来越多从业机构的常备工具箱。区块链技术在供应链金融、贸易金融、保险科技、跨境支付、资产证券化等场景的应用不断丰富和落地，其在防篡改、可追溯、多方协同等方面的优势进一步彰显。

三、互联网金融风险专项整治进入攻坚阶段，监管政策与规则持续完善

2019年是互联网金融风险专项整治攻坚战的关键之年。人民银行2019年工作会议指出，要切实防范化解重点领域金融风险，继续推动实施防范化解重大风险攻坚战行动方案，稳定宏观杠杆率，有序化解影子银行风险，继续开展互联网金融风险专项整治。

2016年4月以来，各部门各地区按照"打击非法、保护合法，积极稳妥、有序化解，明确分工、强化协作，远近结合、边整边改"的工作原则，根据国务院统一部署要求，扎实有序开展专项整治工作。现阶段，互联网金融风险得到全面治理，股权众筹、互联网保险、虚拟货币交易、非银行支付、互联网外汇交易等领域整治基本完成，网贷存量风险大幅压降，行业无序发展、生态恶化的局面得到改善，互联网金融总体风险水平显著下降，监管政策与规则持续完善。

（一）专项整治进入攻坚阶段，有序化解存量风险

2019年4月，互联网金融风险专项整治工作领导小组、网络借贷风险专项整治工作领导小组召开专题会议，认为当前行业风险持续得到缓释，要充分把握时间节点，进一步加大风险处置力度，压实属地整治责任，有序化解存量风险，加大数据监测和信息披露力度。要稳妥有序推进分类处置，引导机构转型或良性退出，严格标准，稳步推进备案准备工作，严厉打击严重违法违规平台，最大限度保护投资人的合法权益。2019年11月，互联网金融风险专项整治工作领导小组、网络借贷风险专项整治工作领导小组联合召开加快网络借贷机构分类处置工作推进会，明确下一阶段持续推进行业风险出清，将稳妥有序化解存量风险、多措并举支持和推动机构良性退出或平稳转型作为重点，切实保护投资人合法权益，维护各地经济金融和社会政治稳定。

（二）监管政策与规则逐步清晰完善

2019年，有关部门陆续发布多项政策文件，引导互联网金融业务规范健康发展（表1-1）。银保监会发布《互联网保险业务监管办法（征求意见稿）》，要求机构持牌、人员持证，从产品、销售、服务、运营等方面进一步厘清业务和监管的边界。人民银行等四部门发布《关于进一步规范金融营销宣传行为的通知》（银发〔2019〕316号），统一明确了金融营销宣传行为监管要求。

表1-1 2019年互联网金融监管政策文件

时间	印发部门	文件名称
2019年9月	互联网金融风险专项整治工作领导小组 网贷风险专项整治工作领导小组	《关于加强P2P网贷领域征信体系建设的通知》
2019年9月	网络借贷风险专项整治工作领导小组办公室 中国互联网金融协会	《关于进一步加强网络借贷资金存管工作的通知》（网贷整治办函〔2019〕41号）

续表

时间	印发部门	文件名称
2019年11月	互联网金融风险专项整治工作领导小组办公室 网络借贷风险专项整治工作领导小组办公室	《关于网络借贷信息中介机构转型为小额贷款公司试点的指导意见》（整治办函〔2019〕83号）
2019年12月	中国银行保险监督管理委员会	《互联网保险业务监管办法（征求意见稿）》
2019年12月	中国人民银行 中国银行保险监督管理委员会 中国证券监督管理委员会 国家外汇管理局	《关于进一步规范金融营销宣传行为的通知》（银发〔2019〕316号）

资料来源：中国互联网金融协会整理。

（三）金融科技创新监管试点工作稳步推进

为落实《金融科技（FinTech）发展规划（2019—2021年）》有关要求，人民银行积极构建金融科技监管基本规则体系，探索运用信息公开、产品公示、社会监督等柔性管理方式，努力打造包容审慎的金融科技创新监管工具，着力提升金融监管的专业性、统一性和穿透性。按照《国务院关于全面推进北京市服务业扩大开放综合试点工作方案的批复》（国函〔2019〕16号），人民银行支持在北京市率先开展金融科技创新监管试点，探索构建符合我国国情、与国际接轨的金融科技创新监管工具，引导持牌金融机构在依法合规、保护消费者权益的前提下，运用现代信息技术赋能金融提质增效，营造守正、安全、普惠、开放的金融科技创新发展环境。人民银行营业管理部于2019年12月23日组织召开北京市金融科技创新监管试点工作启动会，介绍了试点工作方案并对试点工作进行了部署，正式启动试点工作。

四、全面推动行业自律管理工作深入开展，持续发挥有效作用

（一）全力配合互联网金融风险专项整治，确保互联网金融行业自律始终沿着正确方向前进

中国互联网金融协会紧密结合行业形势和互联网金融风险专项整治工作任务实际部署开展各项工作。推动网贷会员机构贯彻监管规则要求，清理并出清风险。妥善接待网贷投资人来访，引导投资人合法理性维权。完善自律惩戒机制，对不遵守自律管理要

求、涉嫌违法违规的34家机构实施自律惩戒。增强全国互联网金融登记披露服务平台透明度权威性。在披露机构信息和运营信息的基础上，实现逐一、实时披露融资项目信息并逐一登记相应借贷合同，累计披露项目数约4 290万条，登记合同约27.96亿份，累计合同金额约2.99万亿元，为实施穿透式监管提供有力支撑。完善网络借贷资金存管工作。与全国网贷整治办联合发布《关于进一步加强网络借贷资金存管工作的通知》（网贷整治办函〔2019〕41号），明确测评有效期，要求存管银行报送网贷资金数据、报告有关重大事项，为网贷机构平稳退出做好支持。针对网贷资金存管专用账户被紧急查封、冻结、扣划引发舆论关注和潜在风险情况，联合全国网贷整治办发函商请司法、公安机关与各地网贷整治办建立沟通协调机制，审慎处理网贷资金存管专用账户查封、冻结、扣划事宜，稳妥防范风险。

（二）行业统计、反洗钱和风险监测机制及行业基础设施建设有序推进

在国家统计局和人民银行的指导下，组织完成第四次全国经济普查中互联网金融数据统计，互联网金融统计系统已覆盖互联网金融主要业态。发布《互联网金融从业机构反洗钱和反恐怖融资风险管理及内控框架指引手册》，组织部分会员机构开展互联网金融细分行业反洗钱工作试点，探索适合互联网金融从业机构的反洗钱工作模式。完成互联网金融反洗钱和反恐怖融资网络监测平台一期建设。自主研发建设P2P网贷风险监测系统，对网贷会员分批次进行风险筛查，为北京、深圳、广州和厦门等地方金融监管部门提供支持。优化升级金融广告监测管理信息系统，进一步扩大涉嫌违法违规金融广告线索来源并开展实时监控。互联网金融举报信息平台持续发挥效能，及时转发监管部门有效举报27万余条。

与最高法持续开展失信被执行人联合惩戒合作，依托互联网金融信息共享平台，司法数据查询达6 530.5万次，会员机构依托共享数据支持累计拒贷失信被执行人28.4万人次。互联网金融客户尽职调查平台初具规模，致力于为金融机构服务小微企业提供可信、经济尽职调查渠道，截至2019年底，累计响应查询需求7 978.5万次，日均查询量约为50万次，最高单日查询记录80.1万次，有效降低接入机构约30%~60%尽调成本。上线供应链金融数字信息服务平台，全面采集、整理、加工中小微企业基于供应链和产业链的完整信息，构建中小微企业全景关系网络图谱，着力解决机构因中小微企业生产经营及财务状况难以准确识别、信息获取难、有效信息少而不愿贷、不能贷、不会贷等问题。

在人民银行的指导下，启动移动金融客户端应用软件备案管理工作，组织来自银行、证券、基金、保险、支付等领域的试点机构开展第一批试点。制定《移动金融客户端应用软件备案管理办法（试行）》和《备案工作指引》，开发上线移动金融客户端应用软件备案管理系统。代表会员依法依规履行百行征信大股东职责，推动百行征信公司治理结构和业务发展逐步进入正轨。

（三）行业标准化建设和理论实务研究深入开展

在人民银行、市场监督管理总局及全国金融标准化技术委员会的指导下，以提升网上银行服务标准化规范化水平为出发点，组织开展网上银行服务企业标准"领跑者"评估工作，772家银行业金融机构参与，公开909项网上银行服务企业标准。经对服务安全性、客户体验等指标的综合评估，35家机构成为2019年网上银行服务企业标准"领跑者"。互联网金融标准化建设持续推进。金融行业开源软件评测相关标准完成送审稿，商业银行开放平台架构相关标准启动研制。围绕英国分布式账本与加密资产监管计划、供应链金融领域区块链应用与标准化建设、网贷借款人信用风险缓释机制等形成《互联网金融情况专报》等研究成果。发布《区块链技术在金融领域应用调查研究》《中国商业银行数字化转型调查研究报告》《开放银行发展研究报告（2019）》等多份研究报告。

（四）互联网金融消费者保护和行业政策宣贯切实加强

针对网络借贷不实广告宣传、以区块链名义进行ICO与"虚拟货币"交易活动等发布风险提示，得到多家权威媒体转载报道，助力震慑市场乱象，提高公众风险意识。持续提供多层次、多样化互联网金融培训课程，2019年全年举办政策解读、标准宣贯、业务培训、系统接入等培训22期，累计390余家会员、140余家非会员、2 000余人次参加。"互联网金融知识进校园"活动进入南京、合肥、南昌三地四所高校，线上线下约1.5万名师生参加。首次举办"互联网金融知识进军营""互联网金融知识进会员"活动。联合处置非法集资部际联席会议办公室开展防范非法集资系列活动，宣传材料累计被浏览逾千万次。

第二节 2019年互联网金融总体发展情况

2019年，我国互联网金融领域风险持续收敛，各项工作取得了实质性成效。一些积累多年的风险点得到清理，一批久拖未决的案件得以处置。互联网金融和网贷领域风险形势得到根本好转。

一、网络支付

2019年，网络支付行业继续稳步发展，移动支付增幅高于互联网支付。其中，商业银行共处理互联网支付业务781.85亿笔，较上年同期增长37.14%，业务金额为2 134.84万亿元，较上年同期增长0.40%；共处理移动支付业务1 014.31亿笔，较上年同期增长67.57%，业务金额为347.11万亿元，较上年同期增长25.13%。非银行支付机构共处理互联网支付业务682.54亿笔，较上年同期减少2.57%，业务金额为51.87万亿元，较上年同期增长3.43%；共处理移动支付业务7 066.06亿笔，较上年同期增长49.62%，业务金额为254.53万亿元，较上年同期增长51.61%。同时，市场业务集中度有所上升。交易金额排名全国前十位的商业银行业务量之和占商业银行网络支付业务总金额的86.71%，相较上年度上升1.59个百分点；交易金额排名全国前十位的非银行支付机构业务量之和占非银行支付机构网络支付业务总金额的78.09%，相较上年度上升9.33个百分点。

二、个体网络借贷

2019年，全国个体网络借贷行业运营平台数量和交易规模显著下降，行业风险持续收敛。截至2019年末，全国运营平台共184家，同比下降89.34%。年末贷款余额为2 364.77亿元，同比下降72.81%。全年贷款累计发生额3 432.5亿元，同比下降75.33%。全年待收出借人和待还借款人数整体呈现降低态势，年末待收出借人数和待还借款人数分别为235.35万人和4 338.02万人，相比年初降幅分别为76.40%和38.23%。全年行业出借人平均利率下降趋势明显，年末平均利率为9.39%，较上年末降低0.31个百分点。同时也应看到，行业风险形势依然十分复杂，后续风险化解处置任务依然较重。

三、互联网保险

2019年，互联网保险保费规模增长明显，收入总额为2 696.32亿元，同比上升42.77%，占保险业原保费收入的6.32%，较2018年上涨1.35个百分点。其中，财产保险公司互联网保险全年保费收入838.62亿元，同比增长20.60%。财产保险公司互联网非车险业务占比首次超过车险业务，互联网财产保险进入发展新周期。人身保险公司互联网保险保费收入1 857.7亿元，同比上涨55.7%，规模保费恢复正增长。保费来源渠道方面，财产保险公司和人身保险公司互联网保险业务均以第三方平台为首要渠道，且收入占比持续攀升。其中，财产保险公司互联网保险第三方业务占比升至68.89%，人身保险公司互联网保险通过第三方平台累计实现规模保费1 619.8亿元，同比增长63.3%。

四、互联网银行

2019年，银行业继续加强网络信息技术应用探索，持续优化自身商业模式和业务运营模式。直销银行方面，市场已初具规模。据不完全统计，截至2019年末，推出直销银行模式（或类似经营业态）的银行近120家，包括工商银行、民生银行、平安银行、广发银行等大型国有银行和股份制银行以及半数以上的城市商业银行和少数农村商业银行。纯互联网银行方面，微众银行、网商银行、新网银行等发展势头强劲，专注以数字化、技术化手段深耕普惠金融市场，持续提升服务质效。各类互联网银行不断创新产品与服务模式，培养差异化优势，并通过与政府、互联网金融企业等加强合作，打造场景化金融。同时，人工智能、区块链、大数据、云计算等技术在金融领域的应用潜力日益凸显，助力银行业金融机构加快以"开放、平等、协作、分享"的互联网思维完善服务，有序推进商业银行数字化转型进程。

五、互联网消费金融

2019年，互联网消费金融从追求规模扩张向追求高质量发展转型，整体呈现较好的发展态势。根据中国银行业协会数据，截至2019年末，消费金融公司资产规模达4 988.07亿元，同比增长28.67%。协会调研数据显示，调研消费金融公司线上贷款规模不断扩大，线上贷款占比由2018年的97.46%上升至2019年的99.52%；新增注册用户数总体呈上升趋势，同比增加56.48%；累计用户呈现年轻化特征，近九成用户年龄在40岁（含）以下；八成以上新增贷款年化利率低于24%，高息贷款仍有一定规模。

六、互联网证券

2019年，证券行业发展整体向好，证券公司盈利能力有所增强。同时，证券行业对信息科技重视程度不断增强，全年信息技术投入205.01亿元，同比增长10%，占到2018年营业收入的8.07%，较上年同期提高了2.03个百分点。此外，证券公司继续以移动端应用为突破口，推动互联网证券业务发展。协会调研数据显示，调研证券公司移动端应用年平均月度活跃用户数共计为1 129.50万户，较2018年增加139.01万户，同比上升14.03%。移动端交易金额及用户数均显著增长，逐渐成为在线交易主流。其中，移动端交易金额为14.42万亿元，较2018年增加5.08万亿元，交易用户数为693.48万人，较2018年增加77.34万人。移动端成为理财产品销售的主要渠道，全年销售规模为8 373.02亿元，较2018年增加3 030.16亿元，同比增长达56.71%。

七、互联网股权融资[①]

2019年，在运营互联网股权融资平台数量持续减少。在协会持续追踪研析的35家互联网股权融资平台中，官网可访问且有年内成功融资项目的有8家，官网可访问但年内没有成功融资项目的有20家，官网无法访问的有7家。上述28家在运营平台中，24家分布在广东、北京、上海三地，占比85.7%。年内新增成功融资项目共计76个，新增成功融资金额4.76亿元，相比2018年均有较大幅度下降。新增成功融资项目中，近九成项目的融资轮次处于天使轮，超八成项目集中在酒店住宿、美食餐饮、移动互联网、文化娱乐、本地生活等消费升级相关领域，超七成项目集中在东部和华北地区。

[①] 互联网股权融资指互联网非公开股权融资。

第三节　互联网金融发展的主要问题与挑战

2019年，互联网金融风险专项整治继续深化，互联网金融风险得到有效遏制，正逐步形成规范健康发展态势，但仍需重视存量风险、声誉恢复等方面的问题与挑战，着力加快互联网金融长效监管机制建设。

一、存量风险有待进一步化解出清

随着互联网金融风险专项整治有序推进，部分经营不善的从业机构陆续退出行业竞争，行业新增风险得到有效遏制，但部分停业机构在发展过程中已经积累的存量资产无法在短时间偿付，一些处于退出阶段的从业机构可能面临恶意逃废债问题，"退而不清""退而难清"等问题依然突出。目前，我国经济下行压力加大，国内外风险挑战明显上升，部分中小微企业经营压力增大、偿债能力降低，部分金融消费者抗风险能力不足，导致部分互联网金融机构存量资产不良率持续增加，持续压降存量风险是行业面临的重要任务。

二、行业声誉和发展信心有待恢复

互联网金融业务因其涉众性和长尾性特征，覆盖人群较为广泛，对金融消费者的影响范围广、程度深。部分从业机构在坚守合法合规底线以及保障金融消费者利益等方面的意识较为薄弱，恶意退出、非法集资等事件的发生对行业发展声誉造成了负面影响，一些重大风险事件对金融消费者的投资信心造成了严重打击。随着互联网金融风险专项整治推进和执法力度的不断加强，各类违法违规行为得到有效遏制，行业开始回归规范健康发展道路，但行业声誉和发展信心仍有待进一步恢复。

三、长效监管机制有待进一步完善

当前，互联网金融监管相关制度规范的法律位阶较低，在为互联网金融长效监管提供全面法治保障方面面临一定的挑战。在个人信息保护方面，互联网金融涉及金融信息与数据安全等个人信息权保护问题，但我国尚未建立专门针对个人金融信息保护方面的法律法规。在合作规范方面，金融机构与科技公司的合作已经从相对单纯的外包合作发展为业务、账户、数据、技术、基础设施等多方面多类型的关联交互关系，但目前缺少相关法律法规对合作进行规范管理。在标准供给方面，大数据、人工智能等技术在金融领域的应用相对较为普遍，但目前相关技术在金融领域应用的标准规范供给尚存在一定缺口。此外，面对互联网金融带来的一系列新机遇和新挑战，法律约束、行政监管、行业自律的有机协调配合机制有待进一步明确。

第四节 互联网金融的发展趋势与展望

一、专项整治收官与监管长效机制建设扎实推进

在四年多的专项整治过程中，已基本形成人民银行牵头抓总、相关金融管理部门各司其责、各相关部门积极支持、各地在中央指导督促下落实属地监管和风险处置责任的互联网金融监管协作机制。随着上述机制的有效运转，股权众筹、互联网保险、虚拟货币交易、非银行支付、互联网外汇交易等领域的整治基本完成，网络借贷存量风险大幅压降。展望未来，互联网金融监管协作机制将进一步完善，在互联网金融风险专项整治收官阶段发挥积极作用。

二、金融机构数字化转型步伐加快

当前，世界处于百年未有之大变局，数字化浪潮正深刻改变着经济社会各领域，金融业正加速迈入一个与数字经济相对应的数字化新时代，日益呈现出"无科技不金融、无移动不金融、无数据不金融"的特征，互联网金融应用正从新兴业态主体向主流金融机构渗透融合，一些主流金融机构将结合自身资源禀赋和市场定位，积极制定数字化转型战略，优化管理模式和组织架构，加强线上线下渠道一体化建设，通过"练内功"和"借外力"相结合的方式加快布局金融科技，加快推进数字化转型。

三、互联网金融新业态新模式规范发展

互联网支付、互联网保险等领域的行业准入、信息披露等方面监管政策逐步建立健全，对违法违规行为持续保持高压严打态势，非法金融机构和非法金融活动生存空间进一步受到挤压，互联网金融行业守正创新、规范发展意识日益牢固，主流金融机构、新型业态主体、专业服务机构等各类市场主体良性竞合、共生共荣的互联网金融生态圈和产业链加快健全，在助力建设具有高度适应性、竞争力、普惠性的现代金融体系方面将发挥更加积极的作用。

四、金融科技应用创新与监管体系建设持续开展

随着新一轮科技革命和产业变革蓬勃兴起，人工智能、大数据、云计算、区块链、5G等金融科技创新应用将从营销获客向风险管理、流程管理、生态运营等关键核心业务环节渗透。随着《金融科技发展规划（2019—2021年）》落地实施，人工智能、区块链、应用程序接口、个人金融信息等领域的金融科技标准供给力度将进一步加大，金融科技监管基本规则体系和金融科技产品认证体系持续完善，移动金融APP备案管理有序推进，金融科技创新监管试点有望深化扩展。

五、互联网金融国际交流合作更加密切

随着金融与科技的深度融合，互联网金融从业机构和关键驱动技术发展空前活跃，资本市场创投生态逐渐丰富，有望成为全球包容性增长和金融创新发展的新动力。全球主要国家和地区在数字银行、网络支付、网络借贷等互联网金融业务监管以及人工智能、区块链等驱动技术应用监管方面的政策举措将陆续出台，监管沙箱、监管科技等创新监管工具和跨国监管协作有望呈现新的格局，更加适应于数字化时代的监管规则体系将逐渐建立。互联网金融领域的国际交流合作将更加充分，持续推动金融与科技融合创新成果在全球范围内落地生根、开花结果。

第二章
网络支付

- 2019年网络支付发展情况
- 网络支付的发展环境
- 网络支付的主要问题与挑战
- 网络支付的发展趋势与展望

第二章 网络支付

第一节 2019年网络支付发展情况

一、移动支付增幅显著高于互联网支付

2019年，我国移动支付业务相较互联网支付增长更加显著。我国商业银行共处理互联网支付业务781.85亿笔，较上年同期增长37.14%，业务金额为2 134.84万亿元，较上年同期增长0.40%。商业银行共处理移动支付业务1 014.31亿笔，较上年同期增长67.57%，业务金额为347.11万亿元，较上年同期增长25.13%（图2-1）。

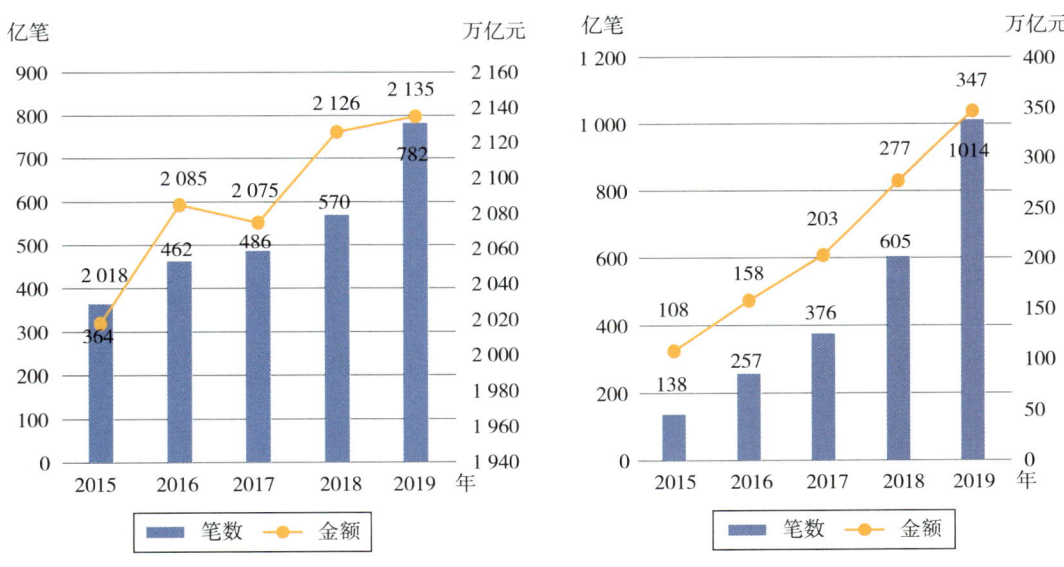

图2-1 商业银行互联网支付（左）与移动支付（右）交易规模

（数据来源：中国支付产业年报（2020），中国互联网金融协会整理）

2019年，我国非银行支付机构共处理移动支付业务7 066.06亿笔，较上年同期增长49.62%，业务金额为254.53万亿元，较上年同期增长51.61%，其中，共处理移动电话远程支付业务7 053.83亿笔，业务金额为254.47万亿元，共处理移动电话近场支付业务2.24亿笔，业务金额为610.61亿元。非银行支付机构共处理互联网支付业务682.54亿笔，较上年同期减少2.57%，业务金额为51.87万亿元，较上年同期增长3.43%（图2-2）。

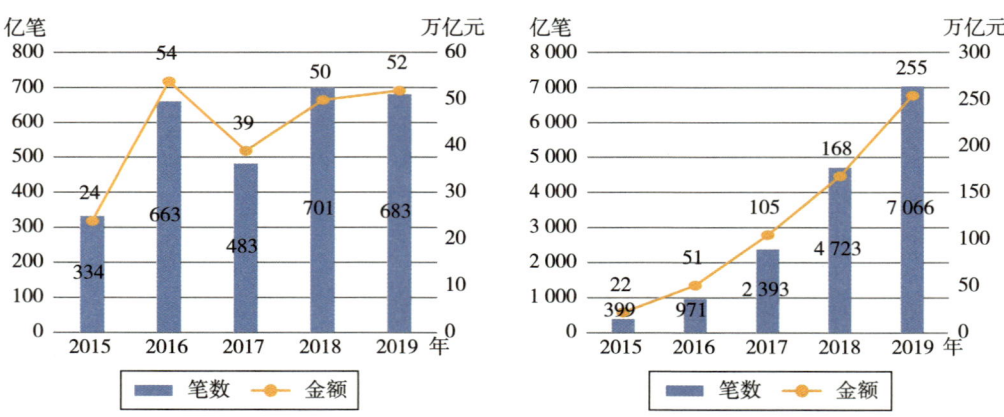

图2-2 非银行支付机构互联网支付(左)与移动支付(右)交易规模

(数据来源:中国支付产业年报(2020),中国互联网金融协会整理)

二、市场业务集中度连年上升

2019年,交易金额排名全国前十位的非银行支付机构业务量之和占非银行支付机构业务总金额的78.09%,相较上年度上升9.33个百分点。全国非银行支付机构中,交易规模在10 000亿元以上的机构有10家,业务量占交易总额的78.09%;交易规模在1 000亿元至10 000亿元之间的机构有32家,业务量占交易总额的18.65%;交易规模在100亿元至1 000亿元之间的机构有36家,业务量占交易总额的3.11%;交易规模在10亿元至100亿元之间的机构有20家,业务量占交易总额的0.14%;交易规模在1亿元至10亿元之间的机构有6家,业务量占交易总额的0.01%。

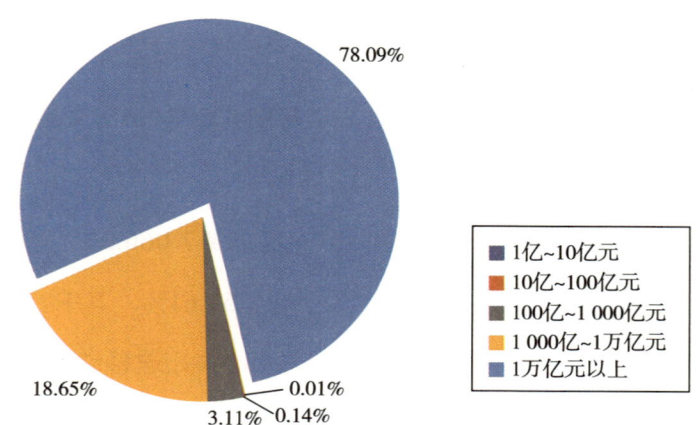

图2-3 非银行支付机构网络支付业务量区间分布情况

(数据来源:中国支付产业年报(2020),中国互联网金融协会整理)

第二章 网络支付

2019年，交易金额排名全国前十位的商业银行业务量之和占商业银行业务总金额的86.71%，相较上年度上升1.59个百分点。全国商业银行中，交易规模在100万亿元以上的机构有5家，业务量占交易总额的71.63%；交易规模在10万亿元至100万亿元之间的机构有12家，业务量占交易总额的21.73%；交易规模在1万亿元至10万亿元之间的机构有38家，业务量占交易总额的5.26%；交易规模在1 000亿元至1万亿元之间的机构有59家，业务量占交易总额的1.35%；交易规模在1 000亿元以下的机构有6家，业务量占交易总额的0.03%。

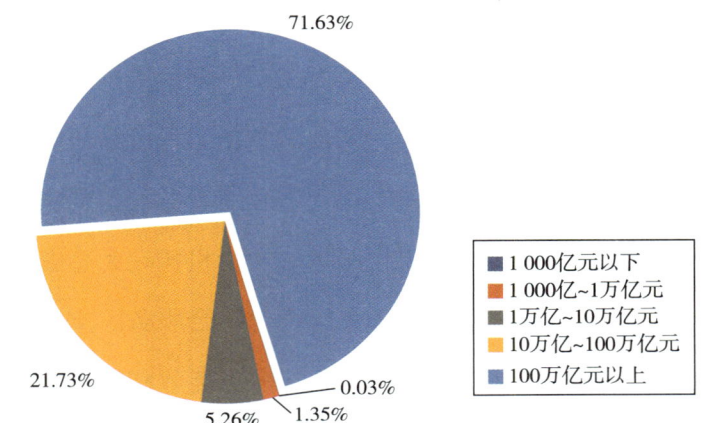

图2-4 商业银行网络支付业务量区间分布情况

（数据来源：中国支付产业年报（2020），中国互联网金融协会整理）

三、网络支付业务用户数量稳定增长

国家网络基础设施的完善升级以及智能手机的广泛应用为网络支付用户增长提供了肥沃土壤。截至2019年底，商业银行互联网支付用户数量达18.56亿个，同比增长16.15%，商业银行移动支付数量达26.85亿个，同比增长28.16%。非银行支付机构共开立支付账户46.01亿个，其中单位支付账户2 031.34万个，个人支付账户45.81亿个。

第二节 网络支付的发展环境

一、支付行业进入产业金融时代

当前，网络支付业务格局已相对成熟稳定，对客户端提供的支付服务已覆盖了衣食住行、投资理财、文化娱乐、生活缴费等高频支付场景。在客户端用户已经被充分发掘、基础设施完备的情况下，商户端网络支付业务创新空间巨大，产业、互联网与金融深度融合催生的支付领域蕴含了更大的爆发力，支付机构逐步进入产业金融时代。市场主体普遍加快对公支付市场布局，以支付服务为工具，向后撬动商户端高附加值服务领域。在跨行收款、批量付款等方面进行支付渠道的创新，为金融行业、中小微企业提供丰富、优质、价优的支付服务，围绕场景支付、资金结算、业务营销中的痛点，提供诸如支付融资综合解决方案、供应链金融支付服务。支付机构在为企业提供资金支付服务的基础上，叠加提供征信、分账、融资、信息管理等综合服务。支付机构迈向产业金融时代，重新书写了支付服务内涵，提升了支付机构服务能效和收益，挖掘和激发了支付行业潜在活力。

二、客户备付金集中存管要求落地

客户备付金是支付机构预收客户的待付货币资金，不属于支付机构的自有财产。支付机构客户备付金规模巨大、增长速度快，分散存管会带来一系列风险隐患。备付金集中存管之前，非银行支付机构往往以本机构的名义，在多家商业银行开立账户分散存放客户备付金，由此带来多方面风险，一是支付机构挪用客户备付金，购买理财产品或其他高风险投资产品、参与民间拆借、过桥等金融行为；二是支付机构通过在不同商业银行开立备付金账户，变相实现跨行资金清算功能，超范围经营；三是客户备付金分散存放不利于支付机构管理资金，存在流动性风险。为保障客户备付金安全，中国人民银行陆续采取了多种措施以强化对客户备付金的管理，引导非银行支付机构回归主业。2019年1月，支付机构已完成全部客户备付金集中存管工作，将客户备付金交存至指定机构专用存款账户。通过分步实施，逐渐提高备付金交存比例，最终客户实现备付金集中监管，有助于加强账户资金监测，防范资金风险，切实保护客户合法权益。

三、无证经营支付业务违规行为得到有效整顿

部分持证支付机构在追求做大业务规模过程中，将支付通道违规外借、外包给其他无证机构使用，对支付行业发展环境和消费者权益造成了严重危害，一是无证机构无视相关监管规定，自行控制和支配商户资金，造成恶劣社会影响。二是无证机构普遍缺乏必要的技术手段和合规制度，存在客户信息泄露、伪卡、盗刷等风险，有的甚至将客户信息用于黄赌毒、洗钱等犯罪活动。三是无证机构惯用低价倾销等恶性竞争手段，对持证经营机构正常经营造成冲击，严重扰乱市场运行秩序。

为整肃支付清算纪律，遏制市场乱象，2017年11月，中国人民银行下发了《关于进一步加强无证经营支付业务整治工作的通知（银办发〔2017〕217号）》，以持证机构为重点检查对象，全面检查并严厉惩处持证机构违规为无证经营支付机构提供支付清算服务的行为。经过集中整治，违规转接支付通道情形得以有效遏制，清算通道在很大程度上回归合法路径，有效净化了支付服务市场环境，促进了市场公平竞争。

四、进一步规范支付接口和创新业务管理

对于支付接口，中国人民银行要求银行和支付机构之间不得互相转接支付业务系统接口，使得银行与支付机构之间的边界更加清晰，在支付结算服务领域各自发挥所长，产业链角色重新归位。对于创新业务，人民银行要求各银行和支付机构提供支付创新产品或者服务、与境外机构合作开展跨境支付业务、与其他机构开展重大业务合作的，应当对相关业务的合规性和安全性进行全面评估，并提前报告人民银行。这使得不合规的产品直接不得进入市场，在一定程度上对银行和支付机构的创新加强了监管，使业务创新在合规监管框架之下。

第三节　网络支付的主要问题与挑战

一、支付产品及服务同质化日趋加重

由于"断直连"后银行通道的竞争差异不复存在，所有支付机构的金融渠道能力都将站在同一起跑线上。这对于部分以支付通道服务作为主要业务的支付公司来说必然会面临产品同质化的问题，支付机构之间不能再以低成本的通道费率和通道数量这种底层的基础服务实现差异化竞争。面对日趋激烈的市场竞争，支付机构需通过产品创新、业务创新和服务创新来避免同质化，通过为商户提供增值业务解决方案来提升竞争优势，逐步规范业务发展，集中精力搞经营、谋实创新，提升支付服务效率和水平，发挥专业化优势，探索更加优质服务来提升核心竞争力，才是保证支付公司持续发展的根本道路。

二、跨境支付欺诈风险防范面临考验

在全球电商快速发展和中国电商全球化的大趋势下，在"一带一路"等政策的影响下，中国跨境电商交易规模持续高速发展，电子商务在中国进出口贸易中的比重将会越来越大。随着电子商务的日益发展成熟，进出口跨境电商市场前景广大，跨境支付市场的潜力也值得深入挖掘。在跨境业务电子化交易的要求下，对支付机构自身系统建设及系统信息保护安全及信息甄别能力提出了进一步要求。支付机构在紧跟市场发展创新完善支付系统建设的同时，还需加强线上交易各个环节的安全管理以及风险控制措施。跨境支付平台作为支付中介，只对买卖双方选择的银行进行资金操作，再向合作银行、境内外买卖双方进行资金结算和信息反馈，存在一定的洗钱风险隐患，可能无法通过有效的渠道来验证客户的基本信息和核实客户交易的真实性。网络手段的匿名性和隐蔽性导致买卖双方难以形成真实、可靠、完整的交易信息，买卖双方跨境交易的真实目的容易被掩饰。

三、区块链技术应用于支付领域带来的创新与风险

近年来，区块链技术如何落地到各种支付场景中一直是热议的话题。目前，基于区块链的支付技术正逐渐被应用到供应链领域，在链条中不同企业间完成支付结算。如在某供应链中，下游企业需给上游供应商支付货款，可通过开立商业票据的方式解决，上游供应商再贴现，然后继续支付给更上游的供应商相应的货款。如果用区块链的支付方式，则可以演变为企业开一张商票并记录在区块链上，然后这张商票通过区块链份额化，一层层地给到上游供应商。在此模式中，商业汇票作为基础发行资产，供应链各个企业间（环节）的结算都通过商票记账单位结算，记账单位对应商票的份额。某一环节需要结算成人民币，再通过持有的商票份额做贴现。

这种基于区块链的支付模式，有利于供应链数据和支付数据防伪溯源，各个节点的信息一致，支付通过"智能合约"运作，可以减少相关的人力投入。然而，利用区块链清算及支付模式仍然存在相关风险，如在整个供应链中全部通过非人民币的记账单位结算，企业间的交易不通过银行、支付机构、企业发行方和上下游之间，通过区块链技术设置了一个闭环的清算体系，实质是通过区块链自建了一个清算机构，存在二清和洗钱风险。

第四节 网络支付的发展趋势与展望

一、产业链上各机构连接关系更加清晰

以往竞争态势下，支付机构在上游支付渠道及下游商户资源上的竞争尤为激烈。随着"断直连"政策出台，支付机构在上游对发卡行资源和客户端支付巨头的资源争夺上将告一段落。"间联"模式成为定局，支付接口可从银联或网联统一接入，各机构间的连接关系清晰。下游商户拓展上，以往多通过商户拓展服务商、小型收单机构以及专门的第四方连接，为建立客户基础，应对支付业务利润空间缩小的局面，支付机构或将考

虑以多种方式直接连接商户。

二、业务层基本服务价格走低

过去几年，互联网巨头不断蚕食市场，以更低的价格、更好的服务、更多的增值服务占据了90%以上市场，支付机构受到影响纷纷降低支付服务的费率，以此确保自身的优势。但截至目前，支付机构除牌照以及互联网巨头拥有的客户端流量优势外，并无其他明显优势。在此背景下，2017年底"断直连"及备付金等相关政策出台，支付机构的基础支付服务利润空间进一步被挤压，支付机构亟须寻找新的盈利点。因此，支付机构在发展利润空间较大的增值服务初期可能会在基础支付服务上进行让利，如牌照审批放款，新进入者也会"免费"提供支付服务从而获客。故在当前环境下，第三方支付市场仍将会持续一段时间的"价格战"，少数互联网巨头、增值服务发展势头良好的支付机构以及新进入者或将完全实现"零费率"，并将基础支付服务作为流量入口，构建业务生态圈。

三、无卡片化支付趋势进一步加深

互联网支付凭借其碎片化、便携性的特点将成为未来支付市场中最重要的一股力量。目前，无卡片化支付不仅广泛应用于网购、缴费等领域，也开始应用于代收、代付、订购等非面对面交易领域。同时，无卡支付的升级产品层出不穷，绑定支付、信用卡分期等基于无卡支付的特色支付产品也纷纷出现，无现金化是大势所趋。

四、多种新技术应用于网络支付场景

身份识别及认证技术方面，指纹、人脸、虹膜等生物识别技术在网络支付领域已不再是陌生语汇，各种应用频现。指纹识别技术是目前已广泛应用的生物识别技术。用户在支付环节不需要输入密码，通过对采集到的指纹与数据库中已存储信息比对完成验证，简化了认证流程，节省了认证时间，也避免了在输入密码时被盗取信息风险。面部识别技术是基于人的脸部特征信息进行身份识别的技术，已应用于支付APP登录时的身份验证环节，部分线下零售店也开始用此技术进行付款。

多家市场主体正在尝试将人脸、指纹、虹膜、语音、静脉等生物特征识别技术与其他安全有效的技术手段用于客户身份识别和交易验证，并研究相关信息采集、处理、应用、储存等环节的标准规范，保障客户信息安全。

第三章
个体网络借贷

- 2019年个体网络借贷发展情况
- 个体网络借贷的发展环境
- 个体网络借贷的主要问题与挑战
- 个体网络借贷的发展趋势与展望

第三章 个体网络借贷

第一节 2019年个体网络借贷发展情况

一、运营平台数量和贷款余额大幅下降

2019年，全国个体网络借贷（以下简称P2P网贷）行业运营平台数量持续下降，截至年末，全国运营平台共184家，比上年末减少1 542家，降幅为89.34%。行业交易规模下降显著，贷款余额为2 364.77亿元，比上年末减少6 331.73亿元，同比下降72.81%。自2019年6月起，P2P网贷运营平台数量大幅降低，进一步加快了贷款余额下降的速度。2019年全年P2P网贷行业的贷款累计发生额3 432.5亿元，比上年减少10 488.29亿元，同比下降75.33%（图3-1）。

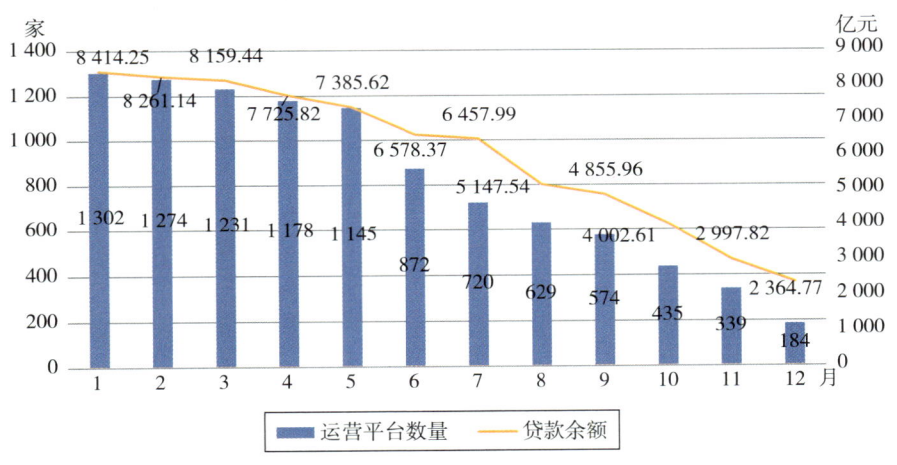

图3-1 P2P网贷行业运营平台数量和贷款余额

（数据来源：中国互联网金融协会统计监测系统）

二、待收出借人和待还借款人数量显著降低

2019年，P2P网贷行业待收出借人和待还借款人数量整体呈现降低态势，尤其自7月起降幅明显。截至2019年末，待收出借人数235.35万人，相比年初减少了761.77万人，降幅为76.40%；待还借款人数4 338.02万人，相比年初减少了2 684.85万人，降幅为38.23%

（图3-2）。

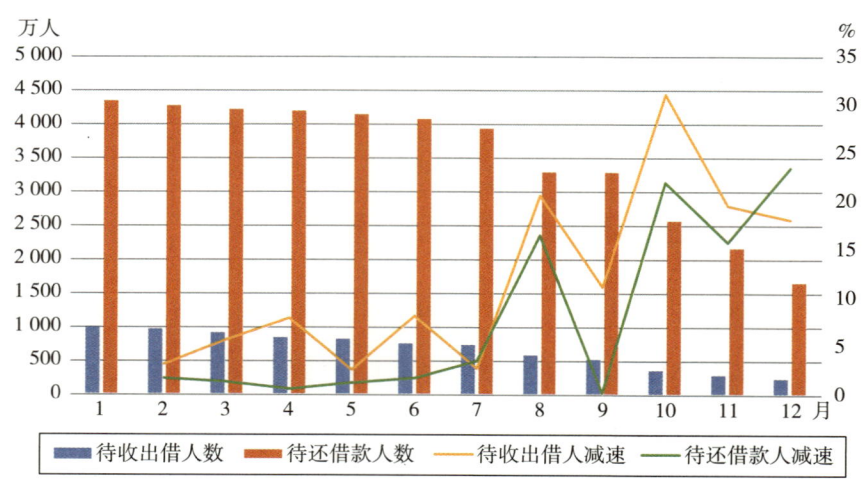

图3-2　P2P网贷行业待收出借人数和借款人数走势

（数据来源：中国互联网金融协会统计监测系统）

三、行业平均利率稳呈下降趋势

2019年末，P2P网贷行业出借人平均利率为9.39%，较上年末降低0.31个百分点，全年平均利率下降趋势明显（图3-3）。在169家纳入统计的运营平台中，利率低于12.00%的平台有77家（其中，利率低于8.00%的平台19家，利率在8.00%~12.00%的平台58家），占运营平台总数的45.56%，与上年同期相比降低9.34个百分点。利率在12.00%~18.00%的平台有12家，占比7.10%，与上年同期相比降低5.36个百分点。

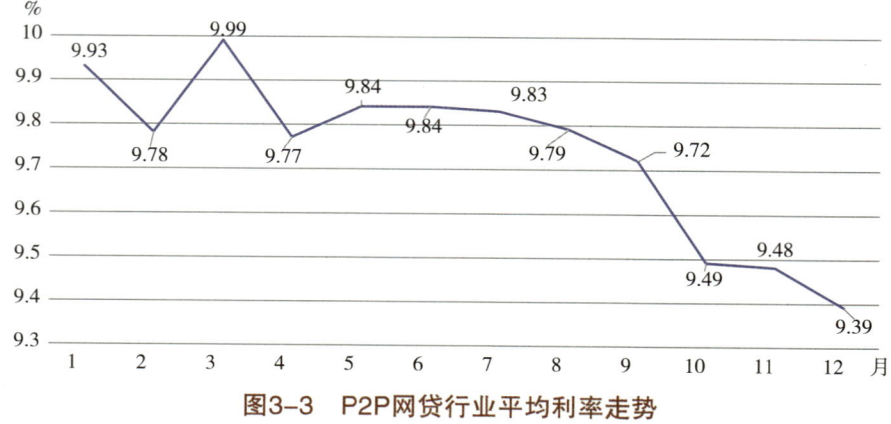

图3-3　P2P网贷行业平均利率走势

（数据来源：中国互联网金融协会统计监测系统）

四、平均借款期限稳步增长

从平均借款期限的分布来看，截至2019年末，在169家纳入统计的运营平台中，平均借款期限在6个月以下的平台有29家，占运营平台总数的17.16%，比例同比下降24.39个百分点。其中，平均借款期限在1~3个月（含）之间的平台有6家，占比3.55%；平均借款期限为3~6个月之间的平台23家，占比13.61%。此外，平均借款期限在6~12个月之间的平台38家，占比22.49%，占比同比增长2.51个百分点；平均借款期限在1年以上的平台22家，占总数的13.02%，占比同比增长6.89个百分点（图3-4）。

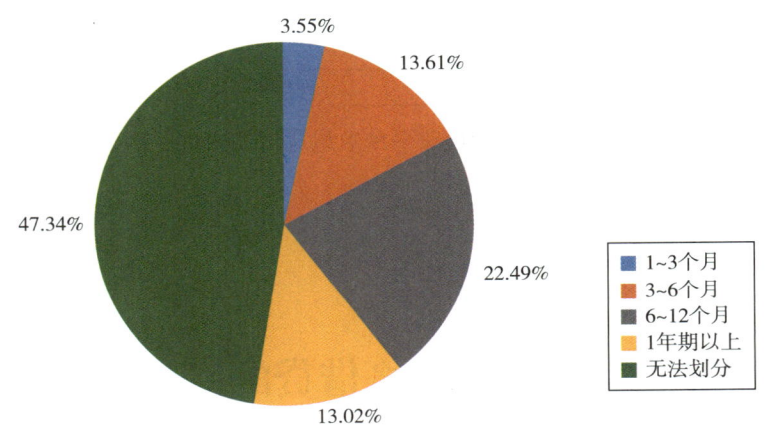

图3-4　P2P网贷行业各平均借款期限区间平台数量占比①

（数据来源：中国互联网金融协会统计监测系统）

五、区域集中度依然较高

截至2019年末，按运营平台数量从高到低前六名的地区依次是：北京、福建、广西、陕西、山西、河北，分别为32家、16家、13家、13家、13家、12家，共计99家，占全国运营平台总数的52.94%。

按贷款余额从高到低前六名的地区依次是：北京、浙江、上海、海南、广东、广西，其贷款余额分别为1 660.62亿元、198.69亿元、118.83亿元、115.55亿元、113.44亿元、48.39亿元，共计2 255.52亿元，占全国贷款余额的95.38%，同比降低2.17个百分点

---

① 本图中"无法划分"的原因是获取平台期限相关数据难度较大。

（图3-5）。

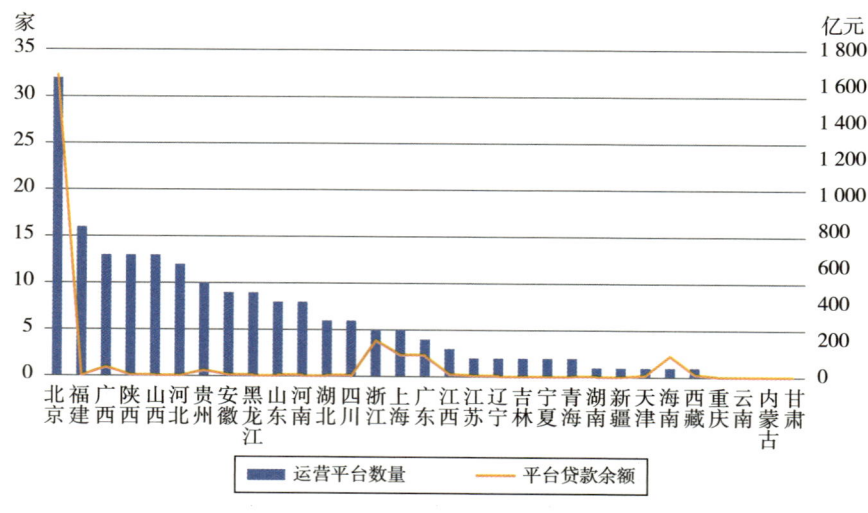

图3-5　P2P网贷行业平台数量及规模分地区情况

（数据来源：中国互联网金融协会统计监测系统）

第二节　个体网络借贷的发展环境

一、专项整治工作稳步推进

2019年是互联网金融风险专项整治攻坚战的关键之年。在全国互联网金融风险专项整治工作领导小组和网络借贷风险专项整治工作领导小组的带领下，中央各部门和全国各地区深入贯彻落实党中央、国务院关于防范化解P2P网贷行业风险工作的决策部署，合理把握整治力度和节奏，全年坚持稳中求进、不急不缓，重点推动机构良性退出和平稳转型，要求机构严格落实"三降"政策，行业风险下降明显。

在P2P网贷风险处置过程中，监管部门按照分类施策、突出重点的思路，稳妥有序推进风险出清工作。一方面，各地在前期开展合规检查、摸清辖内P2P网贷机构风险底数的基础上，按照机构风险状况进行分类处置：针对严重违法违规的P2P网贷机构，进行严厉打击，提高追赃挽损水平，切实维护消费者合法权益；针对已出险的机构，各地坚持压实机构股东风险化解责任，加强人员管控，要求机构主动与投资人做好沟通；针对正常运营的机构，加强沟通，督促其严格落实"三降"要求，引导有条件的机构向网络小额贷款、消费金融、金融科技等方向转型。另一方面，专项整治工作领导小组结合短期措施与长效机制，精准把握风险成因并加强联动、有效出击：在风险处置过程中，要求所有P2P网贷机构须进行实时数据接入，同时加强信息披露，部分机构需在全国互联网金融登记披露服务平台集中开展信息披露和产品登记；加强P2P网贷领域征信体系建设，要求各地区各机构梳理失信借款人信息，完善数据精准度并及时上报，按程序纳入征信中心和百行征信等征信系统，坚决打击恶意逃废债行为；进一步加强P2P网贷资金存管工作，督促存管银行加强对P2P网贷资金交易环节的监督管理，防范资金挪用风险，稳妥处理P2P网贷机构退出情况，审慎处理存管专户查封、冻结、划扣事宜，及时向监管部门和中国互联网金融协会报送风险线索和重大事项，中国互联网金融协会加强存管数据交叉核验，持续做好资金存管测评工作；积极与P2P网贷机构沟通，推进其主动退出，明确退出计划，研究并出台P2P网贷机构向小额贷款公司转型的具体方案，探索通过资产管理公司购买资产、并购重组、托管清收等手段以平稳处置风险。

2019年以来，各地监管部门因地制宜、攻坚克难，按照"能退尽退，应关尽关"的原则，快速、有序推进辖内平台出清工作。部分地区积极探索出一批行之有效的经验做法，一些地区发布辖内P2P网贷平台良性退出指引并推出投票系统，指导辖内机构平稳退出，一些地区采取有效手段督促P2P网贷机构一律停止发布新标并关闭平台投资通道，仅保留平台兑付及还款通道功能。此外，部分地区在完成合规检查后宣布辖内无合格机构，湖南等十余个省市均取缔辖内所有P2P网贷机构，且有一些地区的机构已全部实现了良性退出。总体而言，在各部门各地方的共同努力下，P2P网贷行业风险形势得到根本好转，行业风险监测、信息披露、资金存管、失信惩戒等监督管理长效机制进一步明确。

二、监管政策不断丰富完善

2019年，互联网金融风险专项整治工作领导小组在开展专项整治工作中推出了一系列措施，有关监管部门也相继出台了相应监管政策，这些政策明确了借贷、信息保护等领域和环节的监管要求，为网络借贷从业机构依法合规经营提供了指引，对规范网络借贷行业发展起到至关重要的作用。

2019年10月21日,最高人民法院、最高人民检察院、公安部、司法部联合发布《关于办理非法放贷刑事案件适用法律若干问题的意见》,从司法层面明确了对"非法放贷"行为定罪处罚依据、定罪量刑标准,为此类案件提供法律支撑。该意见明确以36%的实际年利率作为量刑中认定情节严重的标准之一,明确非法放贷数额应当以实际出借给借款人的本金金额认定,非法放贷行为人以介绍费、咨询费、管理费、逾期利息、违约金等名义和以从本金中预先扣除等方式收取利息的,相关数额在计算实际年利率时均应计入,同时对暴力催收等违法违规行为处理提出意见,这对打击高利贷、套路贷、暴力催收具有十分重要的意义。

大数据等信息技术的广泛应用在促进提升金融服务效率、扩大金融服务覆盖面的同时,也给信息安全管理工作带来较大挑战,个人信息安全成为监管和市场关注的重点问题之一。2019年以来,中央网信办、工信部、公安部、市场监督总局等部门展开APP违法违规收集使用个人信息专项治理活动,中央网信办牵头成立的APP专项治理工作组,点名包括P2P网贷领域在内的多家机构违规收集使用个人信息,多家涉及网络借贷业务的公司也接连被警方调查"爬虫"业务。与此同时,监管部门和自律组织及时出台了系列政策措施和指导意见。2019年10月21日,《关于办理利用信息网络实施黑恶势力犯罪刑事案件若干问题的意见》《关于办理非法利用信息网络、帮助信息网络犯罪活动等刑事案件适用法律若干问题的解释》(法释〔2019〕15号)等对外公布,明确了非法利用信息网络罪的入刑标准。中国人民银行也在推进《个人金融信息保护技术规范》标准起草工作,发布了《关于发布金融行业标准加强移动金融客户端应用软件安全管理的通知》(银发〔2019〕237号)等文件,以保护个人金融信息安全。APP专项治理工作组也陆续出台了系列指导规范,对行业加强个人信息保护实务提供了重要参考。

此外,公安部继续加大对"套路贷"违法犯罪活动的打击力度,对全面推进打击"套路贷"违法犯罪活动进行再动员再部署,坚决打击"套路贷"团伙开发使用的非法网络借贷网站、APP,以及专门从事非法催收业务的职业催讨团伙等,有效遏制了"套路贷"等违法违规行为。

三、行业基础设施作用日益凸显

在网络借贷风险专项整治过程中,行业基础设施始终提供了有力的技术支撑。2019年,行业信息披露、统计监测、信息共享等基础设施在推进P2P网贷风险有序出清方面发挥了重要作用,平台的运行实践也为行业长效机制建设夯实了基础。

2019年初,监管部门进一步明确了集中信息披露有关工作安排,并发文要求各地在前期合规检查的基础上,组织符合条件的P2P网贷机构接入中国互联网金融协会建设的全国互联网金融登记披露服务平台(以下简称登记披露平台),集中、规范开展信息披露和产品登记。2019年以来,中国互联网金融协会继续加强登记披露平台的运营和建设,一方面积极配合各地组织机构开展接入工作,并督促接入机构规范开展登记披露;另一方面不断完善登记披露功能,在披露机构信息、运营信息、银行存管信息以及登记借贷合同信息的基础上,实现逐一、实时披露接入机构融资项目信息,进一步提升机构信息透明度。截至2019年末,登记披露平台累计披露借贷项目数约4 290万条,登记合同约27.96亿份,合同金额约2.99万亿元。

2019年以来,监管部门充分发挥行业统计监测有关基础设施作用,多方监测、交叉核验、系统分析等风险监测手段也愈加成熟。2019年初,监管部门要求全国所有在地方整治名单中的P2P网贷机构均须将实时数据接入国家互联网应急中心,且各地监管部门应加强数据维护,对每家P2P网贷机构分类标识。中国互联网金融协会依托在天津成立的国家互联网金融监测中心,基于前期的数据、模型和系统基础建设了P2P网贷风险监测系统,采集总量数据和明细数据,对P2P网贷会员机构进行风险筛查,并为多个地方监管部门开通使用权限。同时,中国互联网金融协会不断优化升级金融广告监测管理信息系统,加强对P2P网贷等领域广告监测,并通过互联网金融举报信息平台收集群众举报线索,结合互联网金融反洗钱工作要求,完成了互联网金融反洗钱和反恐怖融资网络监测平台一期建设。截至2019年末,中国互联网金融协会互联网金融统计监测系统采集借款项目信息13.1亿余条,借款人信息5.6亿余条,互联网金融举报信息平台累计收到并转发监管部门有效举报信息27万余条,金融广告监测管理系统累计推送106万条违规线索。此外,各地区也根据自己辖内实际情况和需求,分别建设了相应风险监测系统,在风险防控工作中发挥了积极的作用。行业风险监测体系的不断完善，彻底改变了前期"风险底数不清"的监管困境，为监管部门实施穿透式监管提供了坚实支撑。

与最高人民法院持续开展失信被执行人联合惩戒合作，依托互联网金融信息共享平台，司法数据查询达6 530.5万次，会员机构依托共享数据支持累计拒贷失信被执行人28.4万人次。此外，百行征信有限公司与人民银行征信中心形成"错位发展、功能互补"的市场格局，目前已推出个人信用报告、特别关注名单和信息核验平台三款个人征信产品。

四、行业自律机制积极配合支撑

自律管理是行业监管的有力支撑和有益补充，在网络借贷等互联网金融风险专项整治过程中，中国互联网金融协会始终以专项整治作为重点任务之一，动员和组织会员机构全力参与，并重点在会员自律管理、基础设施建设、资金存管测评、宣传教育引导等方面着力，积极配合稳妥化解P2P网贷风险。

2019年，中国互联网金融协会按照专项整治工作部署要求，扎实开展P2P网贷会员机构的自律检查及综合分析，将发现的主要问题和风险情况报送有关部门。持续加强P2P网贷会员机构管理，向会员机构下发有关规范营销宣传、明示贷款综合年化成本、加强个人信息保护等自律要求，加大警示约谈力度，对每家P2P网贷会员机构逐一开展"面对面"问询约谈，督促落实好"三降""良性退出""平稳转型"等要求，建立双周报制度，及时掌握P2P网贷会员机构重大事件、运营状况及风险情况，对不遵守监管和自律要求的会员机构及时实施自律惩戒。

在行业基础设施方面，中国互联网金融协会不断加强统计监测、登记披露、信息共享、举报受理、反洗钱、移动金融APP备案等行业基础设施建设，为风险有序出清和长效监管提供坚实技术支撑。在资金存管方面，中国互联网金融协会完成47家商业银行资金存管业务与系统综合测评，为有效落实P2P网贷资金存管要求提供基本保障。与全国网络借贷风险专项整治工作领导小组办公室联合发布进一步加强资金存管工作的通知，明确测评有效期，要求通过测评的银行报送资金存管数据、报告重大事项等以进行交叉核验，为P2P网贷机构平稳退出做好支持。

中国互联网金融协会通过警示、宣传、教育、培训等多种形式持续引导会员机构合规审慎经营。2019年，围绕"套路贷""软暴力""现金贷""信息保护"等行业热点焦点问题先后举办"互联网金融营销和宣传活动自律管理""防范化解高息现金贷""套路贷、软暴力司法政策""网络借贷多元化纠纷化解""个人信息保护"等主题培训班和专题座谈会，及时提醒会员注意问题、关注风险。同时，协会积极做好对金融消费者的宣传引导和教育工作，针对网络借贷不实广告宣传等行为发布《关于网络借贷不实广告宣传涉嫌欺诈和侵害消费者权益的风险提示》，与央视合作开展防范"714高炮"等高息现金贷风险的消费者教育活动，联合处置非法集资部际联席会议办公室开展防范非法集资系列活动，通过在南京、合肥、南昌等地高校举办"互联网金融知识进校园"活动加强宣传教育。

专栏：中国互联网金融协会发布《关于网络借贷不实广告宣传涉嫌欺诈和侵害消费者权益的风险提示》

据金融监管部门和中国互联网金融协会监测发现，近期社会上仍有一些网贷机构通过短视频平台等新媒体渠道发布不实广告，其中涉嫌营销违规产品，宣传违规活动，包括推销高于法定最高利率的贷款，从事"校园贷""砍头贷"等被明令禁止的活动，容易致使一些消费者轻信并参与交易。这些行为明显违反国家关于开展金融广告的有关规定，侵害消费者合法权益。为此，中国互联网金融协会郑重提醒：各从事网贷业务的会员机构及提供网络小额贷款服务的相关机构应恪守行业自律要求，坚持合规审慎经营，不违规宣传和发布不实广告。广大消费者应提高警惕，谨慎判断，防止上当受骗造成经济损失。

各会员从业机构应敬畏金融法律法规，严格依法合规经营，并遵循金融广告管理法规的要求，规范开展营销和宣传活动，不向社会公众提供违反国家利率规定的借贷及借贷撮合业务，不为在校学生、无还款来源或不具备还款能力的借款人提供借贷及借贷撮合业务，不得从借贷本金中以先行扣除利息、手续费、管理费等费用的方式直接或变相收取"砍头息"。同时，要主动加强消费者信息保护，不得滥用、泄露或非法买卖消费者隐私信息。

中国互联网金融协会呼吁，广大消费者应主动增强风险防范意识和自我保护意识，谨慎识别互联网平台上的各类借贷广告，认真了解其服务说明及合同条款，留存相关证据，增强法律意识。如发现机构有不实宣传或违规开展业务的情况，消费者应及时向有关监管部门或中国互联网金融协会举报，对其中涉嫌违法犯罪的，应当及时向公安机关报案。

中国互联网金融协会
2019年3月6日

第三节　个体网络借贷的主要问题与挑战

一、行业风险形势依然严峻复杂

自全国互联网金融风险专项整治工作启动至今，网络借贷行业风险水平逐年下降，整治工作取得了重大成效，但同时应清醒地认识到，行业现阶段风险形势依然十分复杂。一方面，虽然多数P2P网贷机构已处于停业退出状态，但全国已停业的P2P网贷机构存量风险仍然处于高位，其良性退出工作的复杂性依然极具挑战，"退而不清""退而难清"问题突出，需要各地监管部门持续督导，一些机构在清退过程中面临借款人失信、出借人安抚等问题，处理任务重、难度大，后续风险化解可能需要较长时间。另一方面，一些在营机构"三降"工作进展缓慢，后续化解处置任务依然繁重。总体来看，P2P网贷行业仍然是整治攻坚期的合规风险、经济转型期的信用风险、行业出清期的社会风险以及跨界创新期的技术风险纵横交织，有待各方齐心协力，稳妥有序化解存量风险。

二、机构经营和转型发展存在挑战

网络借贷风险专项整治工作以业务压降、机构退出为主要方向，在此大背景下，

P2P网贷机构生存发展存在巨大挑战，绝大多数机构选择转型或退出。从海外上市的P2P网贷从业机构情况来看，各机构在2019年纷纷强调向金融科技公司转型，引入外部机构资金、发展助贷业务成为新的业务发力点和转型方向，但除少数机构股价上涨外，其余机构股价均出现不同程度的下降。P2P网贷机构转型助贷也存在一些问题，一些机构"以助贷之名、行放贷之实"，并存在违规兜底、超高息费、暴力催收、隐私泄露等问题，有待进一步整顿规范。同时，监管部门积极引导有条件的P2P网贷机构向小额贷款机构、消费金融机构等方向转型，但一些机构或认为小额贷款业务的局限性，转型意愿不强，或转型能力不足，在具体推进转型过程中可能会产生新问题。

三、个人信息保护问题较为突出

在网络借贷等领域，消费者普遍通过互联网交互大量个人身份、资产、信用、位置等敏感信息，这些信息的收集、处理、使用和对外提供等问题越来越受到社会关注。一些从事网络借贷业务的机构以"大数据"为名，通过"爬虫"业务违规收集个人信息，或强制授权、过度索权、超范围收集个人信息，或与违规收集个人信息的第三方开展数据合作，这些个人信息普遍被机构用来拓展信贷业务、贷前风控审核和贷后不当催收，机构这种窃取、泄露、滥用、非法买卖个人信息的行为，严重侵犯了消费者的隐私权益。2019年以来，APP专项治理工作组已"点名"了数十款违规收集使用个人信息的APP，其中，涉及互联网信贷业务的APP成为侵犯用户隐私的重灾区。随着各监管部门的高度重视和社会公众的高度关注，一些强有力的监管措施逐步出台落地，有利于促进行业依法合规地收集使用消费者个人信息，消费者的个人信息保护意识也得到进一步加强。与此同时，机构如何在加强个人信息安全保护的前提下，充分发挥大数据的作用成为了挑战。

四、恶意逃废债行为依然严重

在行业风险加速出清过程中，部分借款人在机构清盘退出时借机恶意逃废债，通过恶意散布虚假消息让机构承压，有些形成反催收联盟，鼓动出借人报案，煽动其他借款人赖账，激怒催收人员、引发"暴力催收"并进行投诉，这些行为均加剧了行业信用风险，扰乱了市场正常秩序，给社会信用建设带来巨大挑战。但同时我们也看到，互联网金融风险专项整治办公室和网络借贷风险专项整治办公室在2019年9月联合下发了《关于加强P2P网贷领域征信体系建设的通知》，支持各地在营P2P网贷机构接入金融信用信息基础数据库运行机构和百行征信的征信系统，这对有效打击行业恶意逃废债行为有重大意义。

第四节 个体网络借贷的发展趋势与展望

一、专项整治工作进入决战阶段

2020年是全面建成小康社会和"十三五"规划的收官之年，也是防范化解金融风险攻坚战的收官之年，网络借贷等互联网金融风险专项整治工作将进入决战阶段。中央各部门和全国各地区将继续以出清为主要目标，将存量风险处置作为后续较长一段时间的核心工作来抓，继续因地制宜、分类施策、多措并举，将短期措施和长效监管机制有效结合，不断加大存量风险压降力度，最大限度保护金融消费者合法权益。可以预见的是，在营机构、已停业机构业务规模和涉及人数均将继续稳步下降，行业风险有望进一步缓释。

二、行业转型发展进一步加速

随着网络借贷风险专项整治以出清为主要工作目标这一共识逐渐明确，一些之前持观望态度的机构纷纷寻求业务转型以谋求新的发展。监管部门也在积极引导P2P网贷机构进行平稳转型。例如，研究制定全国统一的网络小额贷款监管制度和经营规则，明确网络信息中介机构转型小额贷款公司的有关门槛和要求。未来，少数在资本金和专业管理能力等方面具备条件的机构将选择申请改制为网络小额贷款公司、消费金融公司等。也有一些P2P网贷机构将加速引入机构资金，充分发挥自身的场景、流量、技术、风控等优势，为传统持牌金融机构提供助贷服务。同时，监管部门也将致力整顿助贷领域的担保兜底、暴力催收、隐私泄露等问题，切实防范化解相关风险。但可以肯定的是，所有从事金融业务的机构均须持牌经营，非持牌机构非法开展金融业务将纳入监管处置。

三、失信人联合惩戒机制逐渐完善

按照当前互联网金融风险以及P2P网络借贷风险专项整治工作部署，中央金融管理部门将继续指导各地组织辖内网络借贷机构接入人民银行金融信用信息基础数据库运行机构和百行征信，加快网络借贷领域征信体系建设，加大对借款人恶意逃废债行为的惩戒力度。中国互联网金融协会作为行业自律组织也将不断完善行业信息共享平台，同时加强诚信教育，做好宣传引导。各地有望建立跨部门的失信人联合惩戒机制，形成政府协同联动、自律组织管理、社会舆论监督的行业治理格局。

四、金融科技重要性愈加凸显

对于在营P2P网贷机构，需要充分利用金融科技，不断加强借款人借贷风险控制，完善风控模型，做好贷前、贷中、贷后风控管理，同时需要不断提高出借人适当性管理水平。对于转型网络小额贷款、消费金融、金融科技等方向的机构，同样需要继续提升金融科技运用水平以提高竞争力。无论是否转型，在加强个人信息保护、规范催收等背景下，合理规范利用金融科技手段都至关重要。此外，行业监管科技也在深入发展，大数据、区块链、人工智能、多方安全计算等技术在行业基础设施建设方面应用的日益成熟，这些为加强落实穿透式监管提供了有力支持，为加强行业长效监管提供了技术支撑。

第四章
互联网保险

- 2019年互联网保险发展情况
- 互联网保险的发展环境
- 互联网保险的主要问题与挑战
- 互联网保险的发展趋势与展望

第一节　2019年互联网保险发展情况

一、互联网保险保费规模增长明显，占保险行业原保费收入的比重增加

根据银保监会及中国保险行业协会发布的2019年保险业运行数据，我国互联网保险保费收入总额为2 696.32亿元[①]，较2018年增加807.74亿元，同比上升42.77%。2019年我国保险业原保费收入42 645亿元，同比增长12.17%，增速较2018年同期增长了近9个百分点。2019年全年互联网保险保费收入占保险业原保费收入的6.32%，较2018年上涨1.35个百分点（图4-1）。

图4-1　互联网保险保费收入规模及占比趋势

（数据来源：中国保险行业协会，中国互联网金融协会整理）

二、财产保险公司互联网非车险业务占比首次超过车险业务，互联网财产保险进入发展新周期

根据中国保险行业协会发布的《2014—2019年互联网财险市场分析报告》，2019年我国财产保险公司互联网保险保费收入838.62亿元，同比增长20.60%，高出财产保险市

[①] 互联网保险保费收入总额为财产保险公司互联网保险保费收入和人身保险公司互联网保险保费收入总和。

场同期增长率近10个百分点，总保费收入超过2015年的历史高位，但增速相对2018年略有放缓。互联网保险保费收入占财产保险公司总保费收入的比重为6.44%，同比上升0.52个百分点，较2015年的历史高位仍有一定差距，存在较大发展空间（图4-2）。

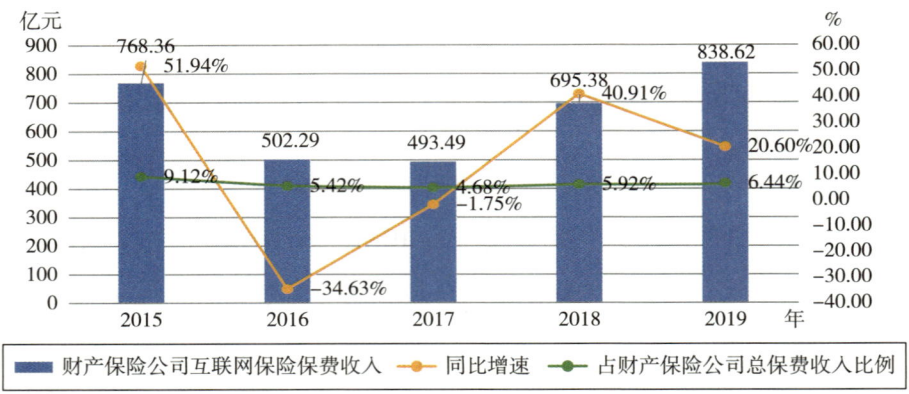

图4-2 财产保险公司互联网保险保费收入规模、增速及占比趋势

（数据来源：中国保险行业协会，中国互联网金融协会整理）

其中，互联网车险业务方面，2019年累计保费收入274.52亿元，同比下降25.55%，保费规模持续走低，占财产保险公司互联网保险保费收入的比重于年初跌破50%后持续走低，直至年底仅为32.74%，较2018年下降20.29个百分点；互联网非车险业务方面，2019年累计保费收入564.09亿元，同比上升72.69%，呈现明显的快速增长态势，占财产保险公司互联网保险保费收入的67.26%，占比首次超过车险份额，成为互联网财产保险整体业务增长的核心动力之一（图4-3）。

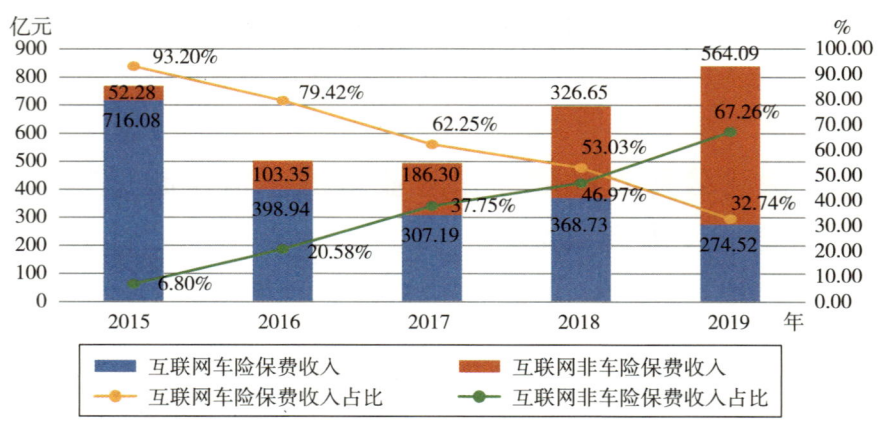

图4-3 财产保险公司互联网保险分类保费收入及占比趋势

（数据来源：中国保险行业协会，中国互联网金融协会整理）

三、人身保险公司互联网保险保费收入恢复正增长，健康险业务势头猛进

根据中国保险行业协会发布的《2019年度互联网人身保险市场运行情况分析报告》，2019年我国人身保险公司互联网保险保费收入1 857.7亿元，较上年同期增加664.5亿元，同比上涨55.7%，市场发展良好，规模保费恢复正增长，再创新高，显现出长期向好的发展趋势（图4-4）。

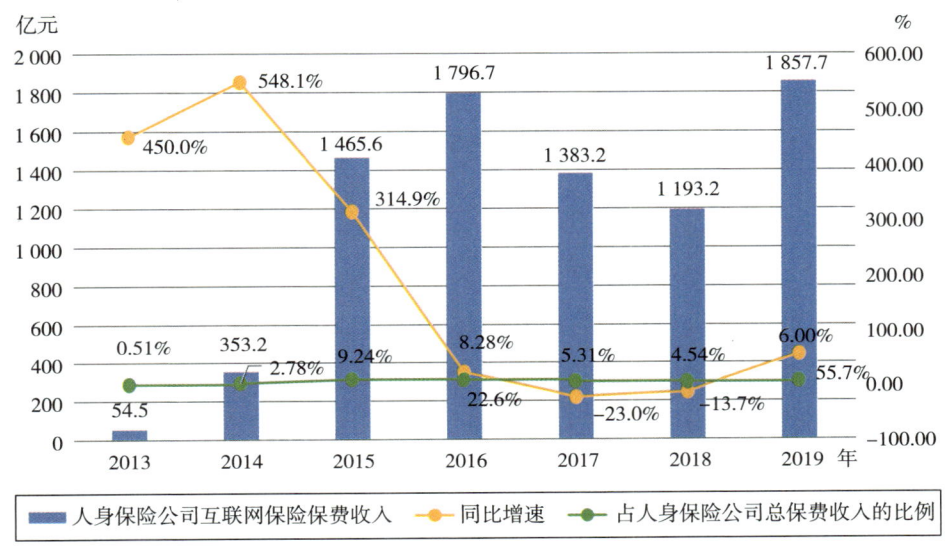

图4-4　人身保险公司互联网保险保费收入规模、增速及占比趋势

（数据来源：中国保险行业协会，中国互联网金融协会整理）

2019年全国共有62家人身保险公司开展互联网保险业务，其中规模保费位列前十的公司累计实现规模保费收入1 624.8亿元，占人身保险公司互联网保险总规模保费收入的87.5%，较2018年同期下降4.7个百分点。在寡头竞争的有限空间内，部分中小机构通过在垂直领域深耕细作，占据特定细分市场一席之地。

从险种构成看，2019年互联网人寿保险累计实现规模保费收入1 212.4亿元，较上年增加537.0亿元，同比增长79.5%；互联网年金保险累计实现规模保费收入353.2亿元，较上年增加15.4亿元，同比增长4.6%；互联网意外保险累计实现规模保费收入56.1亿元，较上年减少1.0亿元，同比降幅1.8%；互联网健康保险累计实现规模保费收入236亿元，较上年增加113.1亿元，同比增长92.0%（图4-5）。

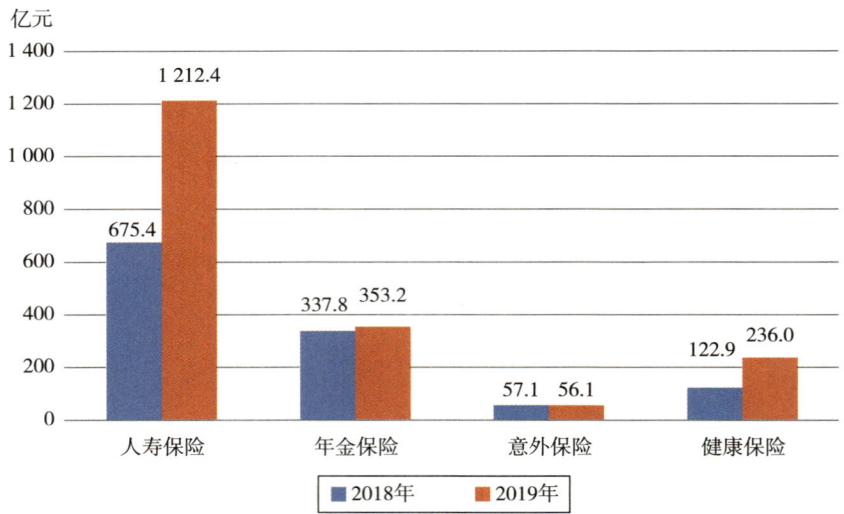

图4-5　人身保险公司互联网保险分类保费收入规模

（数据来源：中国保险行业协会，中国互联网金融协会整理）

2019年互联网人身保险业务转型取得突破性进展，各人身险公司积极调整产品业务结构，加大力度推进发展长期储蓄型和保障型保险，使人寿保险取得突破性发展。人寿保险在人身保险公司互联网保险年度累计规模保费中占比为65.3%，同比上涨8.7个百分点。年金保险依旧为第二大互联网人身保险险种，占比为19.0%，同比下滑9.3个百分点。在整个保险行业加速回归保险保障本源的大背景下，互联网健康险实现连续5年稳定快速增长。健康保险的比重首次达到12.7%（图4-6）。

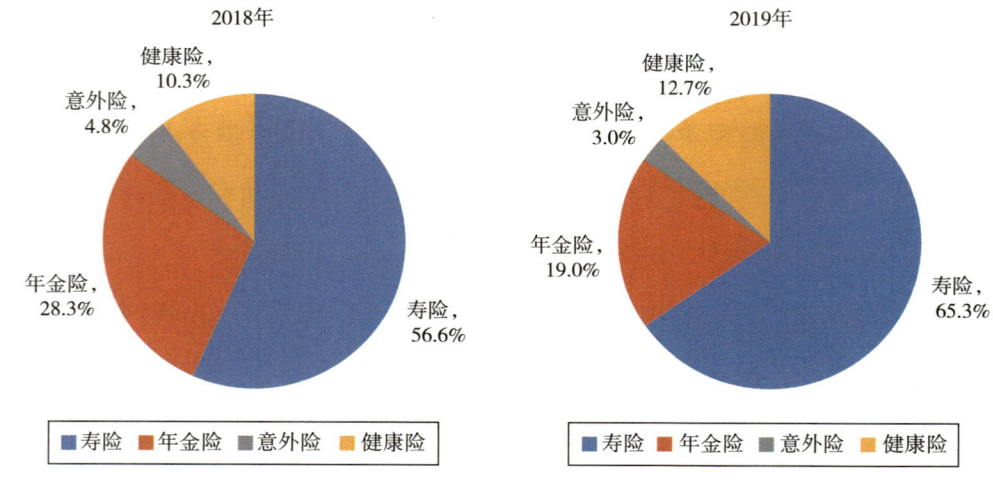

图4-6　人身保险公司互联网保险保费结构

（数据来源：中国保险行业协会，中国互联网金融协会整理）

四、第三方平台作为财产保险公司和人身保险公司互联网保险业务首要渠道，收入占比持续攀升

2019年，互联网财产保险延续了2018年以来的市场化趋势，保险公司自营平台业务占比不断下滑，第三方平台业务占比上升到68.89%，其中第三方网络平台占45.78%，保险专业中介机构占23.11%。互联网车险业务方面以保险公司自营平台为主，其中自营移动端为首要渠道，PC官网业务规模逐年急剧萎缩；互联网非车险业务方面，以第三方平台业务为主，其中首要渠道为第三方网络平台，其次为保险专业中介机构。

2019年，互联网人身保险公司的渠道经营模式仍然以第三方平台（渠道）合作为主、公司自营平台（官网）为辅。其中第三方平台作为当前互联网人身保险业务主要的获客引流渠道，较2018年依旧保持良好的上涨趋势，2019年累计实现规模保费收入1 619.8亿元，同比增长63.3%，占互联网人身保险总规模保费收入的87.2%；保险公司自营平台累计实现规模保费237.9亿元，同比增长18.2%，投保客户数为1 039万人，同比减少18.8%，全年累计官网流量共达61.5亿人次，同比增长3.2%。

第二节 互联网保险的发展环境

一、保险业保费规模增长压力有所缓解，产品结构持续向保障型转型

根据银保监会公布2019年保险业全年经营数据显示，2019年保险业原保险保费收入4.26万亿元，同比增长12.17%，较2018年同期增长了近9个百分点，保费规模增速有所回升。其中，财产险业务实现原保险保费收入1.16万亿元，同比增长8.16%；人身险业务实现原保费收入3.10万亿元，同比增长13.76%，较2018年全年的负增长有了明显变化。寿险业务实现保费收入22 754亿元，同比增长9.8%；健康险原保险保费收入为7 066亿元，同比增长29.70%；意外险实现保费收入1 175亿元，同比增长9.2%。产品结构持续优化调整，保障类产品尤其是健康险占比持续提升，行业整体坚持回归保障本源的趋势，逐步

从"增速时代"转向"提质时代"。

二、监管政策进一步明晰，坚持"机构持牌、人员持证"的强监管基调

2019年1月，银保监会发布《关于进一步加强车险监管有关事项的通知》（银保监办发〔2019〕7号），加强车险业务监管，多方位治理车险市场乱象顽疾，维护车险消费者合法权益。严禁财险公司未经批准，擅自修改或变相修改条款、费率水平；通过给予或者承诺给予投保人、被保险人保险合同约定以外的利益变相突破报批费率水平；通过虚列其他费用套取手续费变相突破报批手续费率水平；新车业务未按照规定使用经批准费率等行为，为下一步营造公平规范、有序竞争的市场环境铺平道路。

2019年2月，银保监会发布《中国银保监会办公厅关于加强保险公司中介渠道业务管理的通知》（银保监办发〔2019〕19号），要求保险公司建立中介渠道业务管理制度体系，明确管理责任人；落实对中介渠道业务主体管控责任，加强资质管理、业务管理、档案管理，及时报告发现的中介渠道业务主体违法违规行为；不得利用中介渠道主体开展违法违规活动；完善合规监督，重视保险公司中介渠道合规内审。

2019年10月，北京银保监局发布《关于规范银行与金融科技公司合作类业务及互联网保险业务的通知》（京银保监发〔2019〕310号），要求辖内开展互联网保险业务的相关机构严格信息披露、规范宣传销售行为、加强第三方网络平台管理、加强销售人员管理、规范服务费支付、加强信息安全管理、明确管理责任划分。

2019年10月，银保监会发布《关于开展银行保险机构侵害消费者权益乱象整治工作的通知》（银保监办发〔2019〕194号），要求保险机构对产品、销售、理赔、互联网保险等方面侵害消费者权益的乱象全面排查、对照整改，查找问题根源，弥补制度短板，完善治理体系，建立长效机制。

2019年11月，银保监会印发《关于银行保险机构加强消费者权益保护工作体制机制建设的指导意见》（银保监发〔2019〕38号），要求将消费者权益保护融入公司治理各环节，董事会承担消费者权益保护工作最终责任，董事会设立消费者权益保护委员会，高管层确保消费者权益保护战略目标和政策得到有效执行，并明确部门履行消费者权益

保护职责。从董事会、委员会、高管层到明确的执行部门，消费者权益保护工作责任逐级授权，层层落实。

2019年12月，银保监会中介部向部分保险机构下发《互联网保险业务监管办法（征求意见稿）》（以下简称《办法》），强调"机构持牌，人员持证"为互联网保险经营底线。旨在把握互联网保险问题本质、压实紧盯持牌机构主体责任、解析重构"第三方网络平台"、疏堵结合规范从业人员营销宣传、正面引导化解政策公平性问题、创新完善监管措施和手段等实际问题。此次《办法》修订切实从实际经营中涉及全方面多区域、模糊地带监管、业务快速发展与立法相对滞后的三大层面进行了厘清定向。同时拟提高《办法》的立法层级，增加相关罚则，加强刚性约束。

第三节 互联网保险的主要问题与挑战

一、互联网保险坚守服务民生初心，但服务规范性有待进一步提升

互联网保险依托科技力量，积极践行"保险姓保"，聚焦保险保障功能，不断提升服务覆盖率和便利性，在支持中小企业发展、解决"三农"痛点和服务疾病、老年等高风险人群方面，针对性地开发出特定帮扶型保险产品，更好地满足了人民群众日益增长的风险保障需求。多层次的保险产品供给不仅拓展了保险保障空间，也为经济发展提质增效带来了动力，进而极大地助力金融供给侧结构性改革。然而，机构与机构、机构与消费者、机构与监管之间的信息不对称，在缺少沟通协调机制的条件下，不断地被互联网放大，互联网保险服务的边界愈发模糊，导致销售、理赔、维权等方面问题频出。根据银保监会消费者权益保护局在2019年公布的统计数据显示，涉嫌违法违规的投诉行为中，4家互联网保险公司投诉量呈现翻倍增长的趋势。互联网保险在行业内建立竞争优势的根本就在于以消费者权益为核心，提高服务质量和效率，赢得好口碑才能实现规模效应。

二、互联网保险业务转型渠道受阻，缺乏多元化模式创新

互联网保险业务相较传统保险业务，免去了大量线下分支机构的分摊，降低了运营消耗，理论上可以降低综合成本率。不过按照现有市场表现，随着网络用户规模乃至整体网民数量增长率下降，互联网的流量红利正在逐渐消退，除规模保费排名前列的公司可依靠其母公司或集团庞大的客户资源外，其他经营互联网业务的保险公司借助第三方平台的获客成本越来越高，渠道方掌握较高的议价权。此外，互联网保险偏向于通过渠道创新来扩大获客通道，易忽略其在产品设计和服务体验上的竞争优势。随着从事互联网保险业务的保险公司队伍逐渐壮大、第三方平台强势分流，互联网保险应深度融合科技赋能概念，在产品端、服务端巩固核心价值，打造多元化创新模式。

三、新技术应用的合规性评估、风险防控和应急处置对行业提出了更高的要求

新技术使互联网保险在本质上由"人人交互"转变为"人机交互"。在数据、算力和算法的发展支撑下，人工智能在保险业的作用趋强，在精算定价、风险欺诈、智能客服、实时赔付等领域应用广泛。但机器算力不稳定和机器算法黑箱问题可能引发技术安全、隐私泄露、责任主体较难认定以及合规等方面的风险，也易导致市场出现新的、甚至不可预知的风险传染源，对保险业传统的风险识别与管理模式提出新的挑战。监管部门还需充分运用新兴技术手段，推进常态化风险监测机制，加快监管技术平台建设，并根据技术特点调整优化监管方法，提升监管工作的针对性和前瞻性。

第四节 互联网保险的发展趋势与展望

一、保险科技引领互联网保险由规模扩张转向高质量发展之路

2019年是云计算、大数据、人工智能、物联网、区块链等新兴技术赋能保险行业高

速发展的一年。保险科技连通着售前、核保、理赔三大核心服务流程,具备提高运营效率、改变产品形态、提升用户体验等创新性功能,不断向传统保险公司加速渗透,保险行业在保险科技的加持下显示出充满生机的保险生态。

提升保险新高度。保险科技正在改变保险行业核心价值链,即承保数字化、理赔数字化。云计算、大数据技术在加强反欺诈预警、风险规避、节约人力成本的同时,提高了在产品设计、定位营销、核保、风险理赔等方面的精准度,将保险公司成本投入平衡合理化,从而可以为消费者提供更全面的服务保障,提高公司竞争力。

催生保险新生态。保险科技在赋能保险行业的同时,带动了新的产业格局,包括智慧家居、无人驾驶、车联网等在内的应用技术,为人们提供便捷化的功能,为保险行业注入了新活力。此外,垂直领域的新型科技公司具有独特的活力,与保险业产生良好的化学反应,作为生态圈多元化的一分子与保险公司各自发挥优势,形成合力,为互联网保险生态可持续发展提供源源不断的动力。

扩宽保险保障力,助力普惠金融。互联网保险产品本身具有小额的特点,科技赋能带来的影响力有助于强化保险产品保障能力、扩大保险覆盖面积、降低消费者接纳门槛、提高互联网用户保险保障意识。未来,随着5G和区块链技术更有效、广泛地落地应用,保险公司和消费者的距离将被拉近,保险行业链条将进一步清晰化、透明化、规范化,助力实现普惠金融目标。

二、机构持牌保持底线,合规经营创造价值

当前互联网保险产品已从初始的野蛮发展转向深挖用户需求、提升用户体验的纵向深入发展,结合客户需求就保险保障范围、服务环节进行适应网销特点的设计与开发,并根据市场反馈进行快速优化迭代。监管部门也不断积极引导互联网保险业务向高质量发展,特别是近五年陆续下发了十多项规范性文件,一方面把牢合规底线,持续规范线上业务;另一方面鼓励创新发展,重视业务数字化转型。

2019年12月,银保监会面向部分保险公司就《互联网保险业务监管办法》征求意见,对互联网保险公司经营主体、客户服务、应用认证、持牌经营信息披露等方面做出了新规定,明确保险责任、客户知情权和选择权,加强从业人员队伍管理,制定客户服

务标准，增强客户服务体验，拓宽互联网保险公司线上下综合服务能力及加强可回溯管理，切实保障消费者权益，促进互联网保险业务健康可持续发展。未来，随着《互联网保险业务监管办法》及各项配套政策的正式出台，互联网保险将在合规经营的前提下创造出更多经济社会价值。

第五章
互联网银行

- 2019年互联网银行发展情况
- 互联网银行的发展环境
- 互联网银行的主要问题与挑战
- 互联网银行的发展趋势与展望

第一节　2019年互联网银行发展情况

技术的进步尤其是互联网的迅猛发展影响了社会生活的方方面面，银行业通过应用新兴技术，彻底改变了传统的商业模式和业务运营模式。互联网银行是银行业积极拥抱互联网的一种新的服务模式，也是商业银行在互联网技术发展下的一种实现形式。狭义的互联网银行是将服务场所放到线上，不开设分支网点，完全通过互联网渠道销售产品为客户提供服务的一类新型银行，如微众银行、网商银行及新网银行等。广义的互联网银行则既包括由民营企业发起设立的纯互联网银行、也包括传统商业银行不设线下网点，通过搭建互联网平台等提供产品与服务的直销银行以及独立法人形式的直销银行。本章主要围绕广义的互联网银行，深入分析其发展情况、发展环境与未来趋势。

一、我国直销银行市场已初具规模

作为互联网银行的一种表现形式，我国直销银行发展经历了从起步到初创期、快速成长期、平稳发展期等阶段，形成了百舸争流的竞争格局，各先行探索直销银行模式的商业银行从落地实践中不断探索自身优势，并以此赢得了一定的市场地位。

相比传统银行模式下，用户必须亲自去网点柜台排队办理金融业务，直销银行突破时间和空间的界限，大大降低了用户的时间成本，提升了客户体验。在"2019中国直销银行调查活动"中，有61.54%的用户通过互联网办理50%以上的金融业务，如生活缴费、购买理财产品、消费贷款等，有24.41%的用户通过互联网办理10%~50%的金融业务，只有14.05%的用户通过互联网办理10%以内的金融业务。由此可见，在当今互联网更加普及的新时代，金融业务的办理已由传统柜台模式转移至互联网办理模式，这也为直销银行的发展奠定了用户规模基础（图5-1）。目前，直销银行APP使用在各电子渠道中已占据一定比例，行业市场已初具规模。

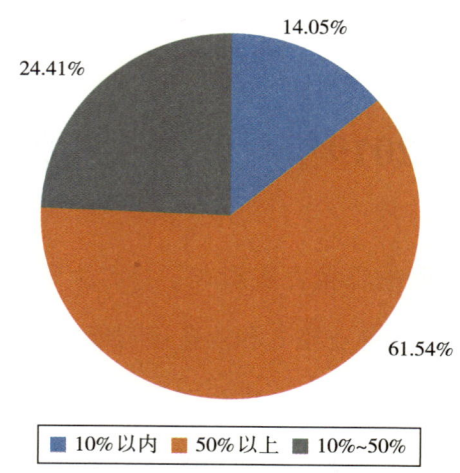

图5-1　用户使用互联网办理金融业务的比例

（数据来源：中国民生银行，中国互联网金融协会整理）

据不完全统计，截至2019年底，国内推出直销银行模式（或类似经营业态）的银行近120家（图5-2）。其中，中国工商银行、中国民生银行、平安银行、广发银行等大型国有银行和股份制银行已相继开展直销银行业务。半数以上的城商行也已推出直销银行业务。此外，数量众多的农商行中仅有少数银行推出直销银行业务，但随着农村网络普及率的提高，农商行的直销银行业务（或类似的经营业态）将可能迎来进一步的增长（图5-3）。

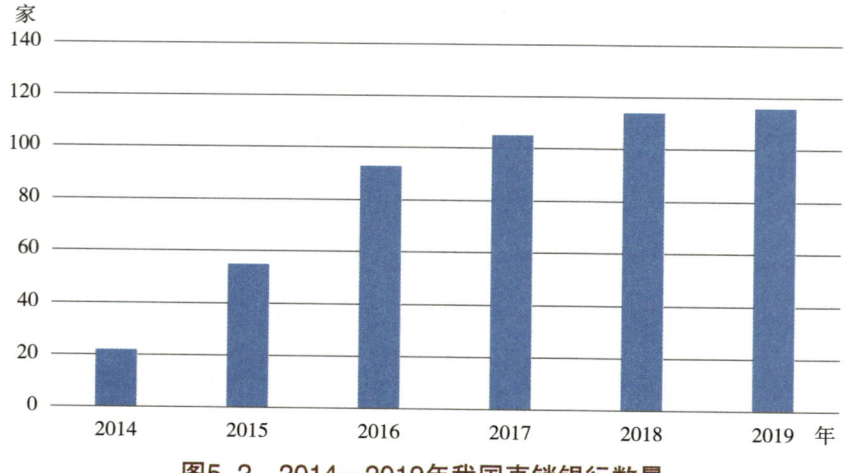

图5-2　2014—2019年我国直销银行数量

（数据来源：中国民生银行，中国互联网金融协会整理）

第五章 互联网银行

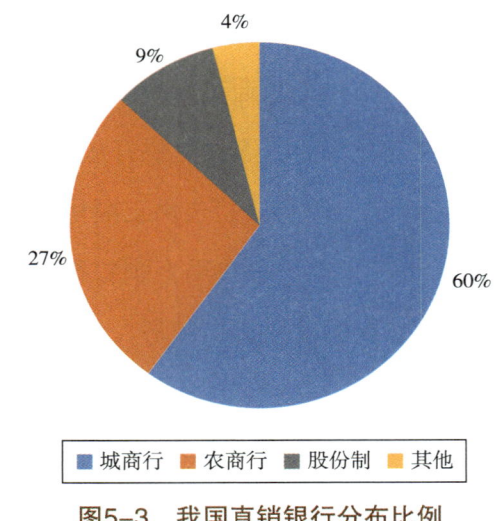

图5-3 我国直销银行分布比例

（数据来源：中国民生银行，中国互联网金融协会整理）

二、纯互联网银行借助金融科技手段践行普惠金融

以微众银行、网商银行、新网银行为代表的纯互联网银行发展势头强劲，专注以数字化、技术化手段深耕普惠金融市场，持续提升服务质效。截至2019年末，微众银行个人有效客户数突破2亿人，小微企业法人客户达90万家，管理贷款和管理资产余额双双突破4 400亿元，为用户提供活期+、短期+、定期+等投资类产品，智能存款、微粒贷、微业贷等存贷款产品，手机充值等服务；网商银行提供余利宝等投资类产品，随意存、蚂蚁借呗等存贷款产品，信用卡还款等服务，累计服务小微企业和个人经营者2 087万户；新网银行推出随心存等投资类产品，智能存款、好人贷等存贷款产品，资金存管等服务，累计服务的客户数突破3 100万人。

三、互联网银行以创新模式打造场景化金融

传统商业银行的直销银行、纯互联网银行以及独立法人形式的直销银行等广义的互联网银行不断创新产品与服务模式，形成差异化优势，并通过与政府、互联网金融企业等的合作，打造场景化金融。例如，中国工商银行的融e行着力打造开放式掌上移动平台，为客户提供个性化的直销银行服务，并广泛布局医疗挂号、交通违规罚款和水电燃气费缴纳等生活服务场景，加快推进金融与"互联网+生活"的深度融合。新冠肺炎疫情

期间，融e行与"1药网"平台开展场景合作，提供疫情实时动态及在线问诊服务，打造便捷的智慧金融服务新体验。民生直销银行通过开放的场景切入客户需求，全面覆盖账户类、财富类、支付类、数据类等场景，为客户提供开放、个性、敏捷、高效的综合金融解决方案。例如，提供平台会员钱包服务，打造员工福利计划，推出分销增值计划。

同时，城市商业银行和农商银行也积极布局直销银行的场景化服务。如杭州银行坚持金融科技赋能和应用场景化，大力深耕直销银行，利用账户和支付优势，搭建开放平台，整合合作方的渠道和客户资源，开展直销银行客户综合经营，建立一站式财富管理平台、智能化营销运营平台、场景化网络贷款平台和定制化支付服务平台。广州农商银行积极挖掘利用行业"互联网+"转型机会，通过输出e账通电子账户切入专业市场、社区、高校教育等场景，向第三方输出开户、支付、理财、贷款、增值服务等标准化产品，并关联合作方业务，开拓并深化智慧商圈、智慧社区、智慧校园等生态金融服务模式，为客户提供不只金融的一站式线上服务。

作为纯互联网银行代表，微众银行和网商银行依托其自身的互联网优势，发力场景化金融。微众银行与腾讯云成立金融科技创新实验室，合作研发面向"开放银行"场景的金融科技应用，助力金融机构提供无处不在的金融服务，助推普惠金融的发展；微众银行还针对小微企业的需求和痛点，借助金融科技手段大力拓展供应链金融和现金管理两大业务，与相关行业龙头品牌达成业务合作，构建覆盖上下游供应商、经销商企业的生态圈。网商银行借助移动互联网等技术，突破空间和时间限制，基于阿里巴巴、蚂蚁集团的线上电子商务平台、线下支付交易场景的优势，利用阿里巴巴B2B、淘宝、天猫、支付宝等平台上客户积累的信息，向难以在传统金融渠道获得经营性贷款的小微客户发放"金额小、期限短"的纯信用小额贷款及提供综合金融服务。

此外，中信百信银行依托互联网和金融科技优势，通过"开放银行+"的生态策略，发力场景金融，持续布局车生态、内容娱乐、新消费、大健康等场景生态，输出可定制化API，赋能消费和产业互联网平台，构建金融生活生态圈。

第二节　互联网银行的发展环境

第五章 互联网银行

一、数字环境孕育互联网银行发展沃土

数字经济时代，数据成为驱动经济社会发展的新要素、新引擎。企业作为经济活动的主体，其数字化转型也正加速推进，数字企业以强劲动力蓬勃发展。整体来看，数字环境先从改变产业生态开始，推动企业商业模式的演变，再推动产业数字化。而后，产业数字化对金融模式、业务和产品等提出了新的需求，最后进一步打破金融交易和服务在时间和空间上的限制，驱动商业银行服务的一系列创新与升级，为互联网银行发展带来了前所未有的革新机遇。

二、平台经济引领互联网银行创新发展

随着"互联网+"逐渐渗透至生产、制造、供应、流通与设计等各个环节，产业互联网将可能成为未来互联网领域角逐的主战场。互联网的不断演进发展，加速了平台模式的形成，催生了新一轮平台经济浪潮，并使之成为推动经济发展的重要引擎。在此背景下，针对平台经济的相关规范应运而生。例如，国务院办公厅发布了《关于促进平台经济规范健康发展的指导意见》（国办发〔2019〕38号），旨在促进平台经济的健康发展。平台经济的快速发展，促使生产和交易效率提升，颠覆了原有的交易模式，引领了互联网银行的创新发展。

三、金融科技驱动互联网银行迭代升级

金融科技的崛起促使金融机构服务模式不断创新，大数据、云计算、人工智能等前沿技术对于提升商业银行的服务效率和优化银行服务水平有着重要的作用。技术驱动银行适应新经济模式，改造银行服务，对商业银行的客户服务、产品设计和运营模式有着直接的影响。互联网银行借助金融科技实现服务渠道的互联网化，通过各类生活、消费等场景的设计，开辟银行触达客户的新路径，以"开放、平等、协作、分享"的互联网思维升级银行服务，力争真正实现"以客户为中心"的服务理念。

第三节　互联网银行的主要问题与挑战

从2013年首家直销银行面世以来，我国商业银行探路互联网银行业务已有7年。但监管环境的压力、日趋激烈的市场竞争、信息安全面临挑战、数据孤岛效应明显等因素，使互联网银行持续快速发展面临挑战。

一、监管环境的压力

在设立之初，互联网银行的主要目的在于降本增效，通过网络渠道触达客户，为客户带来便利。而I类账户标识等限制使得互联网银行开展基于银行II类户的相关业务存在一定难度。

近年来，随着《关于规范金融机构资产管理业务的指导意见》（银发〔2018〕106号）、《关于进一步规范货币市场基金互联网销售、赎回相关服务的指导意见》（证监会公告〔2018〕10号）、《商业银行理财子公司管理办法》（银保监令〔2018〕7号）等文件的出台实施，商业银行可以独立建立子公司用于经营理财业务，而理财业务是互联网银行业务的重要一环，互联网银行在理财业务上与理财子公司存在一定程度的重合，这使得互联网银行理财业务的发展受到冲击。

二、日趋激烈的市场竞争

当前，互联网银行产品同质化严重、目标客群重合度高，同业之间竞争压力越来越大。同时，互联网银行不仅面临市场同业的竞争和挑战，同时面临跨业、跨界、跨境的外部竞争，竞争对手包括所有在互联网开展金融服务的各类型企业。这类型企业通过技术变革和业务模式创新纷纷涉足银行的支付、贷款、存款、理财等核心业务，争夺银行客户，挤占银行的发展空间。

在此背景下，银行必须加强自身的差异化定位和服务创新，才能吸引客户、维持自身的行业竞争力。如何在日趋激烈的竞争环境中保持竞争优势，开拓新的市场，是互联网银行机必须面对的问题。

三、信息安全面临挑战

互联网银行具备客户、数据和场景的天然优势，与诸多伙伴建立连接，而风险易在信息安全技术及风险防控能力较弱的节点暴露，安全挑战随之而来。数据安全是信息传输与共享的安全体系构建的重要环节，面临的相关挑战更加多样化，如潜在的第三方欺诈、数字入侵及客户隐私泄露等问题，在隐私保护方面有着更严格的要求。

四、数据孤岛效应明显

从现状来看，互联网银行普遍面临着数据孤岛、缺乏数据统一标准、标准化服务接口、数据滥用等问题。商业银行经过多年的信息化建设，已积累一定规模的银行内部、外部合作以及网络数据，数据维度和类型相对复杂，但部分银行缺乏统一的数据治理体系，数据孤岛现象普遍存在，同时各家互联网银行的数据存在分散、独立、隔离等特点，缺乏共享机制，未能发挥融合应用的合力效应，无法充分释放数据价值。

第四节 互联网银行的发展趋势与展望

一、精细化的客户经营体系

与传统银行相比，互联网银行可以发挥互联网与物联网在客户经营方面的优势，具有高效率、低成本、易推广等特点，通过对客户资源和银行服务渠道的有效整合，精细化经营客户，形成一体化的客户经营体系。一方面，互联网银行的技术布局可以替代传统客户经理的人海战术，快速拓展服务广度和深度，推进金融服务触达更广范围的客户群体，挖掘客户更深层次的金融服务需求；另一方面，开发"长尾客户"潜力，并凭借边际成本递减的优势，批量经营客户，降低获客、活客、留客成本。

二、以数据为基础的产品服务体系

赋能商业数字化转型，要着力提升数据使用效率，挖掘数据内在价值，推动数据要素流转和融合，从而更好地发挥其在消费金融、小微金融服务方面的积极作用。在未来万物互联的时代，互联网银行将依托新技术驱动商业银行底层架构转变为分布式、网络化的结构，并构建以数据为基础的产品服务体系。互联网银行将改变商业银行的产品设计模式，从多个渠道和过程节点获取客户更多的数据，从而奠定银行感知客户、理解客户的基础。此外，互联网银行通过云计算、大数据、人工智能等新技术，主动挖掘用户需求、分析用户偏好，开展数据驱动的产品设计活动，制订精准营销体系。未来，互联网银行将更加注重数据，依托数据资产，在安全可控的环境下为客户提供一体化、定制化的金融服务。

三、依托金融科技的智能风控体系

风控是商业银行经营的根本，也是互联网银行现在以及未来经营的重点。互联网银行基于其风控技术和能力，将充分运用金融科技手段，构建全新的智能风控体系，重塑商业银行的核心竞争力。与传统风控模式相比，智能风控体系可以搜集、积累、整合交易数据、经营数据及财务数据等，减少对人力和经验的依赖，将有效提升银行传统风控算法和模型的效率和精度，建立全新的风险管控模式，在高度自动化的运营过程中真正实现大数据风险管控。

四、基于数字生态的开放共享模式

未来，商业银行竞争不再只是单一银行之间的竞争，而是生态圈之间的竞争。金融机构尤其是中小金融机构必须主动创新、积极布局，探索数字化、开放化的商业模式，加强多方合作，才能更好提升银行服务质量，维护自身的行业竞争力，实现共赢。因此，互联网银行一方面需要着眼跨界融合，打造共赢的生态圈。从生态系统的角度来看，互联网银行需要构建与同业、科技公司、政府、核心企业及上下游之间的全链条、全平台，与生态系统的伙伴形成更加紧密的耦合关系，嵌入客户所在的各种生产生活场景中，并基于真实场景实现金融业务的线上实时交易，为客户提供一站式金融解决方案；另一方面，互联网银行需要秉持"痛点"思维，实现开放共享。未来，互联网银行需要将思维转向"开放共享"，感知客户的"实际痛点"，利用API、SDK等技术实现方式搭建平台，实现与第三方之间的技术和服务共享，让客户低成本、更便捷地获取专业的金融服务，更高效地与生态伙伴共同挖掘需求、鉴别风险、提供服务等，并在合作过程中，逐步建立银行良性的盈利模式，实现银企共同成长。

第六章
互联网消费金融

- 2019年互联网消费金融发展情况
- 互联网消费金融的发展环境
- 互联网消费金融的主要问题与挑战
- 互联网消费金融的发展趋势与展望

第六章　互联网消费金融

第一节　2019年互联网消费金融发展情况

一、互联网消费金融行业总体情况

（一）消费贷款余额不断扩大，增长速度先升后降

2019年，互联网消费金融从追求规模扩张向追求高质量发展转型，整体呈现较好的发展态势。根据中国银行业协会数据，截至2019年末，消费金融公司资产规模达4 988.07亿元，同比增长28.67%。

根据中国人民银行《金融稳定报告2019》，截至2019年末，消费贷款余额（不含房贷、经营贷）13.91万亿元，较2015年提升约134.97%。从2017年开始，行业发展明显放缓，增速持续下滑，其中，2019年增速为15.92%，较2018年继续下滑超过8个百分点（图6-1）。

图6-1　广义消费金融余额及变化趋势

（数据来源：中国人民银行《金融稳定报告2019》，中国互联网金融协会整理）

（二）互联网消费金融交易规模持续扩张，发展速度趋于平稳

2012年以来，互联网消费金融交易规模持续扩张。截至2019年末，互联网消费金融交易规模近3.4万亿元。2012—2019年互联网消费金融交易增长率呈现先升后降趋势，2015年交易增长率超过500%，经过此次爆发式增长后，互联网消费金融交易增长率持续下滑，2019年，交易增长率下降至75%，行业发展速度趋于平稳（图6-2）。

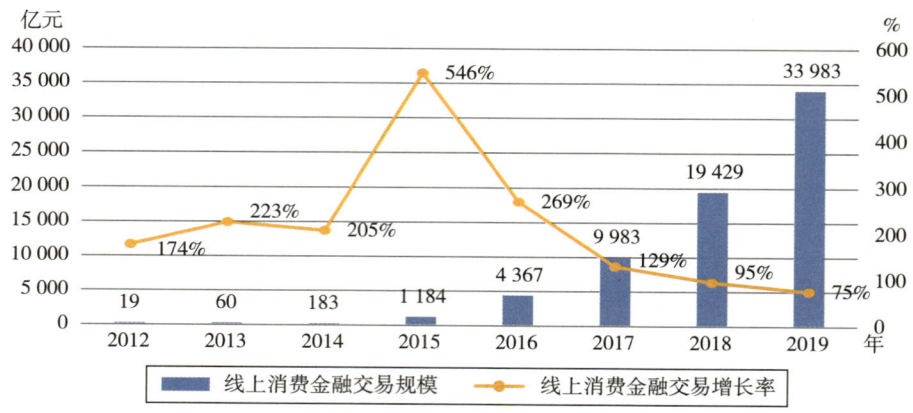

图6-2 线上消费金融交易规模及增长率

（数据来源：Wind数据库，中国互联网金融协会整理）

二、互联网消费金融调研样本机构情况

本书选取6家消费金融公司[①]（以下简称6家样本机构）作为分析样本，并通过6家样本机构的汇总数据分析2019年我国互联网消费金融的现状和发展态势。

（一）线上贷款规模不断扩大，新增注册用户数总体呈上升趋势

从贷款结构看，6家样本机构新发放贷款均以线上贷款为主，线上贷款占比由2018年的97.46%上升至2019年的99.52%，上升幅度超过2个百分点（图6-3）。6家样本机构线上贷款占比较高，作为互联网消费金融分析样本，具有一定行业代表性。

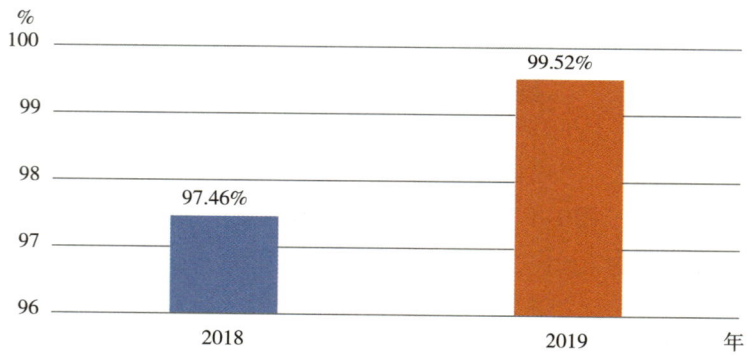

图6-3 样本机构线上贷款占新发放贷款的比重

（数据来源：中国互联网金融协会整理）

[①] 选取的6家互联网消费金融平台包括上海尚诚消费金融、包银消费金融、马上消费金融、盛银消费金融、北银消费金融、中邮消费金融。

2019年，6家样本机构的新增注册用户数5 914.44万人，同比增加56.48%，新增注册用户数总体呈上升趋势（图6-4）。

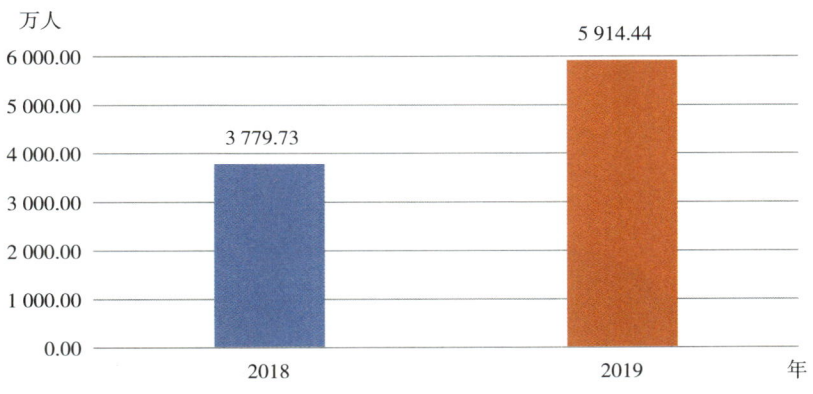

图6-4　样本机构新增注册用户数

（数据来源：中国互联网金融协会整理）

（二）互联网消费金融用户呈年轻化特征

截至2019年末，6家样本机构累计用户年龄在18~20岁（含）的占比8.63%，20~30岁（含）的占比为51.30%，30~40岁（含）的占比30.04%，40~50岁（含）以上的占比8.45%，50岁以上的占比1.58%（图6-5）。消费金融用户主要为80后、90后等消费观念相对超前的群体，60后、70后占比较小，呈现年轻化特征。

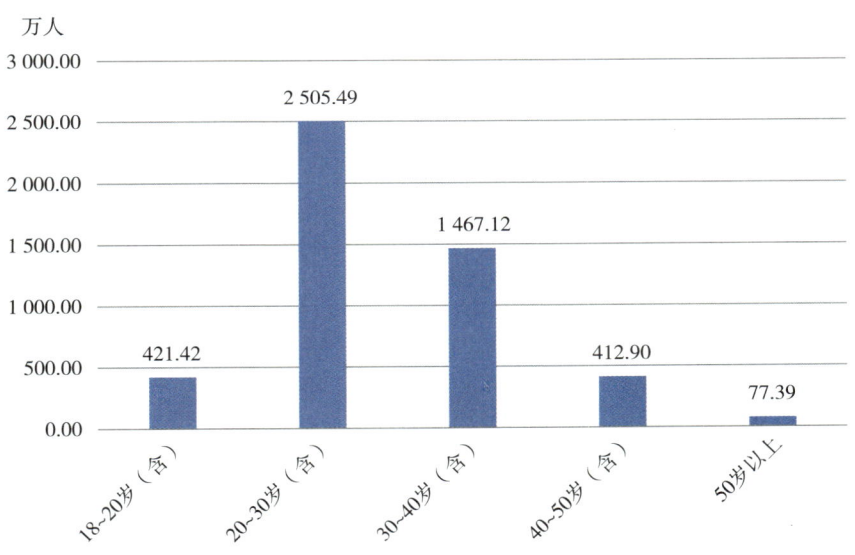

图6-5　样本机构累计用户按年龄分布

（数据来源：中国互联网金融协会整理）

（三）小额与短期贷款占比较高，贷款用途以网上零售为主

2019年，6家样本机构发放的3 000元以下贷款笔数占总笔数的85.46%，1万元以上贷款仅占比2.21%（图6-6），小额与短期贷款占比较高。从用户授信额度情况来看，2019年末累计用户中75.51%的用户授信额度低于1万元（含），授信额度在3万元以上的用户仅占3.92%（图6-7）。

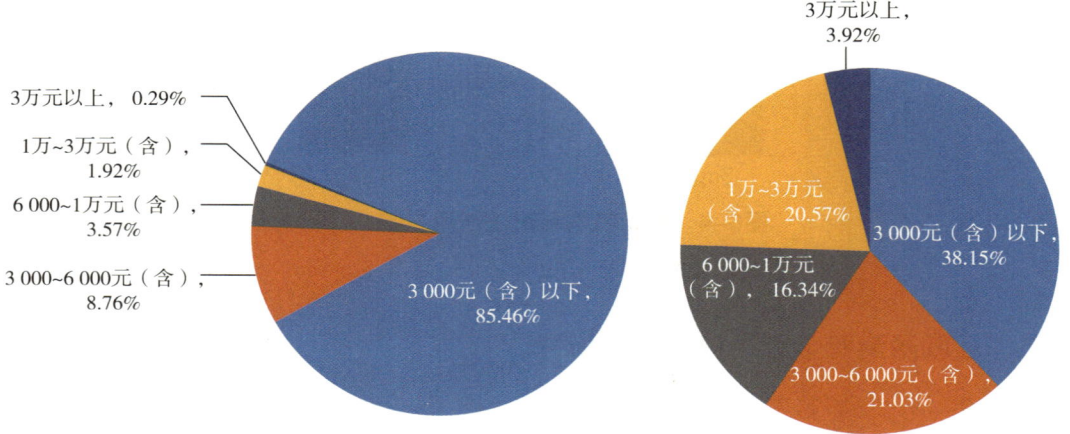

图6-6　样本机构新增贷款笔数按金额分布　　图6-7　样本机构累计用户数按授信额度分布

（数据来源：中国互联网金融协会整理）　　　　（数据来源：中国互联网金融协会整理）

2019年，6家样本机构贷款期限在3个月（含）以内的新发贷款笔数占比为51.09%，3~9个月（含）、9个月~1年（含）的贷款笔数占比分别为15.02%、29.58%，九成以上新发贷款集中在1年以内（图6-8）。

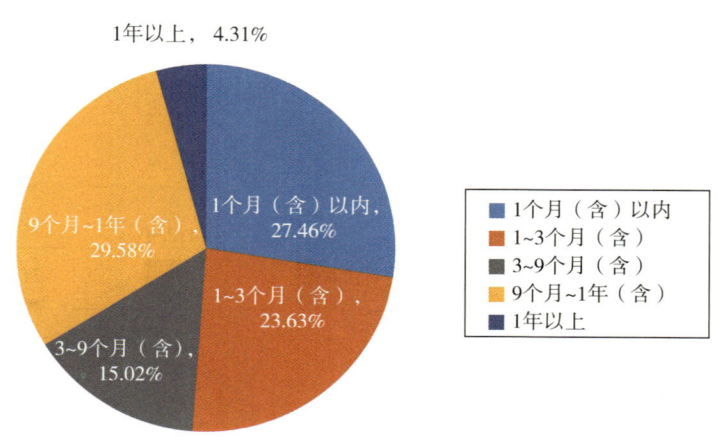

图6-8　样本机构新增贷款笔数按期限分布

（数据来源：中国互联网金融协会整理）

2019年，6家样本机构新发放的贷款主要投向网上零售、家装、旅游、教育留学、医疗美容、租房、婚庆等用途。此外，其他用途占比26.96%，主要包括部分无场景现金贷及部分客户未主动提供贷款用途的贷款。新发放贷款笔数绝大多数集中于网上零售，全年新发放网上零售贷款笔数约9 663万笔，占全部新发放贷款笔数的57.32%（图6-9）。

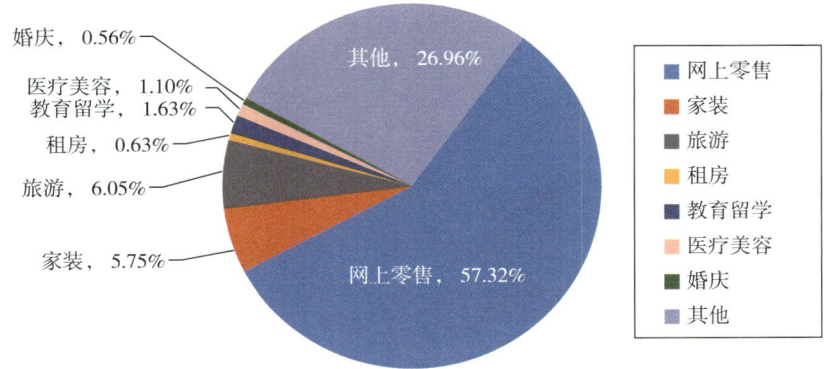

图6-9　样本机构新增贷款笔数按用途分布

（数据来源：中国互联网金融协会整理）

（四）互联网消费金融年化利率水平总体低于24%，高息贷款仍有一定规模

2019年，6家样本机构发放的新增贷款中年化利率在6%（含）以下的新增贷款笔数占比为29.89%，年化利率在6%~12%（含）的新增贷款笔数占比为17.05%，年化利率12%~16%（含）的新增贷款占比为3.71%，年化利率在16%~24%（含）的新增贷款笔数最多，占比35.27%。部分贷款年化利率超过24%，占比达到14.09%，说明高息贷款仍有一定规模（图6-10）。

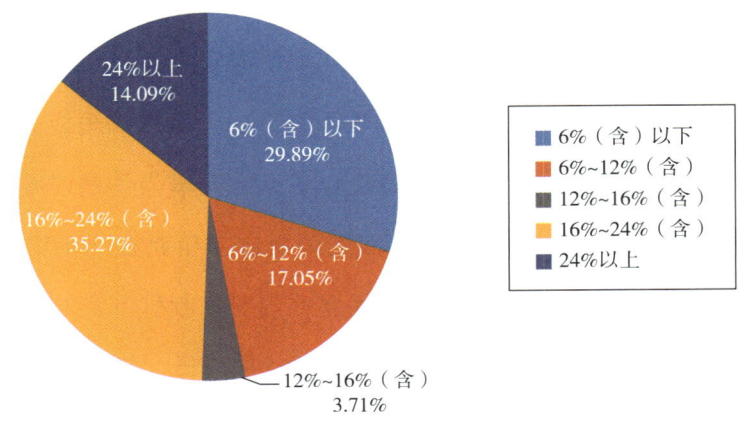

图6-10　样本机构新增贷款年化利率分布

（数据来源：中国互联网金融协会整理）

（五）互联网消费金融的不良贷款率略有下降，逾期贷款率基本持平

2019年，6家样本机构的平均不良贷款率为2.47%，比2018年略有下降；平均贷款逾期率为5.32%，与2018年相比基本没有变化[①]（图6-11）。

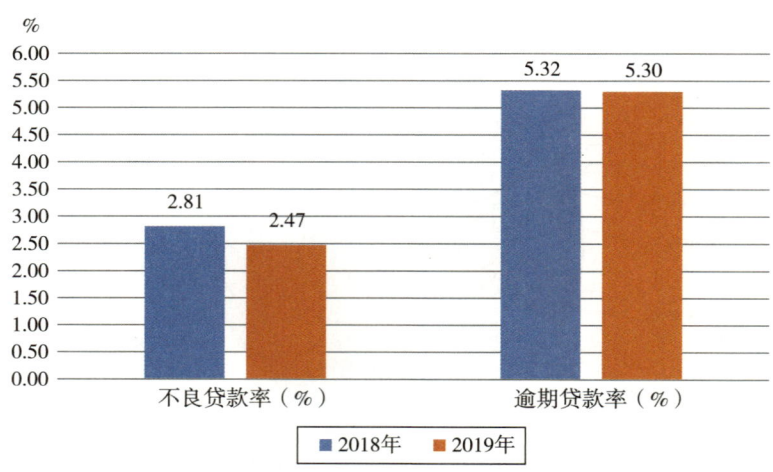

图6-11 样本机构不良贷款率和贷款逾期率

（数据来源：中国互联网金融协会整理）

第二节 互联网消费金融的发展环境

一、政策支持力度加大，促进消费体制机制不断完善

近年来，我国在扩大消费规模、提高消费水平、改善消费结构等方面取得了显著成绩，但受国内外多重因素叠加影响，消费领域仍面临一些瓶颈和短板。为此，党中央、国务院先后出台多项政策，全面营造良好消费环境，切实增强消费对经济发展的基础性作用。为推动《中共中央 国务院关于完善促进消费体制机制进一步激发居民消费潜力的若干意见》（中发〔2018〕32号）和《完善促进消费体制机制实施方案（2018—2020年）》（国办发〔2018〕93号）落实落地，2019年1月28日，发展改革委等十部门发布

[①] 本统计结果仅包含6家样本机构，不代表行业整体水平。

《进一步优化供给推动消费平稳增长促进形成强大国内市场的实施方案（2019年）》（发改综合〔2019〕181号），提出六个方面24项具体措施，以顺应居民消费升级，更好满足人民群众对美好生活的向往。2019年7月15日，发展改革委牵头建立完善促进消费体制机制部际联席会议制度，统筹协调促进居民消费扩大升级工作。2019年8月27日，国务院办公厅发布《关于加快发展流通促进商业消费的意见》（国办发〔2019〕42号），"鼓励金融机构创新消费信贷产品和服务，推动专业化消费金融组织发展"。上述政策有力推动了消费领域多层次全方位发展，拓宽了消费金融市场发展空间。

二、加快推进行业风险出清，营造合规经营环境

互联网消费金融在快速发展的同时，也存在一些风险隐患。为严厉打击各类新型非法放贷行为，2019年4月，最高人民法院、最高人民检察院、公安部和司法部联合发布实施《关于办理"套路贷"刑事案件若干问题的意见》（法发〔2019〕11号），明确定义"套路贷"为新型黑恶犯罪，与普通的民间借贷有本质的区别，同时对"套路贷"的共犯、犯罪数额、涉案财产处置、量刑情节、犯罪集团和黑恶势力、管辖问题等具体问题进行了规定。2019年10月，最高人民法院、最高人民检察院、公安部和司法部联合发布实施《关于办理非法放贷刑事案件若干问题的意见》（法发〔2019〕24号），首次明确实际年利率超过36%的为非法放贷行为，非法放贷数额以实际出借给借款人的本金金额认定。

为规范金融机构营销宣传行为，2019年12月，人民银行、银保监会、证监会和外汇局联合制定并发布《关于进一步规范金融营销宣传行为的通知》（银发〔2019〕316号），该文件对于金融营销宣传行为规定进行了系统性梳理，并对防范化解重大金融风险攻坚战任务分工和关于金融营销宣传行为监管相关要求作出具体部署。上述政策规定有利于加速消费金融行业的清理整顿，督促各类金融机构依法合规开展金融业务，对于切实保护金融消费者合法权益、防范化解金融风险具有重要意义。

三、行业基础设施日益完善，多头借贷风险有所降低

消费金融贷款产品绝大部分是小额无抵押无担保的纯信用贷款，因此，完善的个人

征信体系对互联网消费金融行业的健康有序发展十分重要。目前，我国征信以人民银行征信系统为基础，截至2019年末，人民银行征信系统收录了10.2亿自然人、2 834.1万户企业和其他组织的信息，2019年个人和企业征信系统分别接入机构3 737家和3 613家，基本覆盖各类持牌金融机构。

四、金融科技创新应用不断丰富，助力消费金融服务升级

2019年8月，人民银行发布《金融科技（FinTech）发展规划（2019—2021年）》，明确提出将把金融科技打造成为金融高质量发展的"新引擎"，并对未来3年的金融科技工作做出顶层设计，为充分发挥金融科技赋能作用、推动我国金融业高质量发展指明了方向。近年来，大数据、云计算、人工智能、区块链等金融科技被广泛应用于互联网消费金融业务的贷前、贷中、贷后全流程，满足了消费金融公司在不同场景下对数据处理规模、速度和准度等方面的需求，如贷前审核的风险和成本问题、贷中的贷款者信用风险变化问题、贷后的催收和复贷问题等（表6-1）。金融科技的合理运用既有利于提升跨市场、跨业态、跨区域金融风险的识别、预警和处置能力，又有利于降低金融服务成本，提升金融服务质量，使金融科技创新成果更好地惠及百姓民生。

表6-1　金融科技在消费金融中的应用

借贷流程		关键问题	金融科技解决方案
贷前	信贷审核	反欺诈	生物特征识别：活体、人脸、指纹等； 信用信息审核：央行征信、百行征信等
		用户画像	文本分析、行为特征分析、规则模型识别、关联分析
		风险识别	自动识别虚假交易、自动阻止恶意套现
贷中	用户行为追踪	信用行为追踪	交易行为跟踪大数据分析
		共债风险识别	催收记录反馈关联交易追踪
		信用风险预警	基于风险监测模型，做出预警
		其他	贷中动态复盘、追溯资金流向、确定特点场景、用户画像、数据隐私保护、舆论环境分析等
贷后	催收还款	智能运营提升复贷	会员体系、奖励机制、精准营销等
		智能催收	智能客服、网上法庭、催收策略等
		其他	内部合规管理、风险行为预警等

数据来源：北大消费金融2019年度报告，中国互联网金融协会整理。

专栏：乐信应用区块链技术优化资产证券化（ABS）流程

近年来，线上消费信贷ABS发行总额及单数增速趋缓，除了受到监管政策因素的影响外，在产品设计、发行及存续等环节也暴露出尽职调查不完善、底层资产监管透明度和效率较低、产品存续期持续管理能力不足、资产交易结算效率低、增信环节成本高等诸多问题。

区块链在线上消费资产中的应用，可以显著提升资产透明度，增加投资者信心，同时提升ABS发行全流程中各环节的效率。区块链赋能消费金融ABS，旨在构建多方参与的区块链联盟（联盟链），由资产方、SPV、托管银行、管理人、中介机构（评级机构、会计师事务所、律师事务所）、ABS投资人（券商、基金、银行、信托等）、交易所共同组成，其核心业务包括资金交易对账、交易文件管理、数据交互接口、信息发布共享、底层资产管理、智能ABS工作流等，不同参与主体可以通过区块链实现实时数据调取。利用区块链平台的不可篡改和可追溯性，资产在生成后即入链，后期资产筛选、打包，把资产评级、资金方交易等信息都写入区块链中，各个参与方均可部署区块链对等节点，保证资产信息从生成到结束的整个生命周期都是透明、可追溯的，增加资金方对资产方资产的可信任度。

第三节　互联网消费金融的主要问题与挑战

一、行业融资渠道有限，融资门槛和成本依然较高

相比于商业银行，消费金融公司特别是中小消费金融公司，在融资渠道、融资门槛和融资成本上仍然受到较多限制。在融资渠道方面，经过十年多的发展，消费金融公司获取资金的渠道由股东增资和同业借款，逐步向同业拆借、发行金融债券、资产证券化（ABS）等多元化方式发展。但对于成立时间较晚、盈利能力较弱的消费金融公司而

言,受到经营期限、资本充足率、现金流等条件的约束,主要资金来源还是股东增资和银行信贷。在融资门槛方面,除股东增资和同业借款,其他融资渠道均存在准入门槛。例如同业拆借要求申请机构必须满足"至少连续两年盈利,拆入资金余额不高于资本净额的100%"。再如发行金融债券需要达到"至少三年经营期限,最近三年无重大违法、违规行为,资本充足率不低于10%",只有成立时间较早的头部消费金融公司可以满足相关条件。在融资成本方面,银行存款成本率基本在1.3%~2.4%之间,资金优势明显。银行系消费金融公司同业拆借资金主要还是来自于银行业金融机构,成本相对较低。非银系消费金融公司从其他金融机构拆借资金成本普遍高于银行系消费金融公司。

二、不良资产处置难度较大,多元化解决机制尚待完善

随着消费业务规模的扩大,消费金融行业不良资产处置难题日益凸显。以"消费金融"作为关键词在中国裁判文书网检索,我国有关消费金融诉讼案件从2012年的1件快速上升到2019年的42 468件,侧面反映了近年来消费金融诉讼纠纷呈现出指数级增长的趋势。与此同时,消费金融公司目前面临司法清收、不良资产核销等诸多难题。一是司法清收立案难、执行难。消费金融具有小额分散的特点,传统的司法审判方式难以满足消费金融不良资产案件处置需求。在法律诉讼过程中,互联网法院诉讼处于起步阶段,存在电子证据收集确认难、系统对接难、各地政策不一致等问题。在案件执行过程中,由于进入司法阶段的消费金融逾期用户大多处于失联状态,判决书无法直接送达客户,判决后依然难以及时追回款项。二是不良资产核销后难以抵扣所得税。《金融企业呆账核销管理办法》(财金〔2017〕90号)规定,银行卡透支款项呆账认定标准为"单户贷款本金在5万元及以下的,逾期后经追索180天以上,并且不少于6次追索,仍未能收回的剩余债权",核销材料包括"电话追索、信件追索和上门追索等原始记录",由经办人和负责人共同签章确认,并可以采用提供客户清单方式经有权人审批同意后核销。该文件简化了不良贷款核销抵税流程,但在实践中存在政策落实不到位的情况,部分地区仍然要求不良资产需经过司法裁判、执行后才能够核销并抵扣所得税。

三、反催收黑色产业链加剧逃废债问题，阻碍行业健康发展

随着金融业分工的细化，催收已经成为消费金融公司等金融机构贷后管理的重要组成部分。在国际上，催收外包业务作为信贷业务的重要组成部分已经纳入监管政策框架，但国内尚未建立统一的催收行业法律法规和市场准入标准，催收市场参与主体众多，鱼龙混杂、乱象丛生，一定程度上影响了行业的健康发展。近年来，部分恶意逃废债借款人加入反催收群共同抵抗催收，甚至出现反催收黑色产业链，提供系统的反催收培训、虚假证明材料等，开展有组织的恶意投诉等欺诈行为，以达到免除利息或延期还款的目的。大量恶意投诉，不仅对消费金融公司回收账款造成不利影响，也消耗了监管部门资源。

四、数据泄露风险不容忽视，个人信息保护亟待加强

随着数字经济的深入发展，个人金融数据被广泛应用于消费金融领域的贷前、贷中、贷后等环节，数据合作有利于提升金融机构服务效能，但也暴露出一些涉及个人信息保护的风险隐患。一是多数机构采用传统信息传输方式，个人信息保护存在风险隐患。传统金融机构通常采用"邮件传输方式"直接将个人信息提供给催收公司，且缺乏有效手段规制其数据使用行为，个人信息保护存在风险隐患。虽然部分互联网金融机构建立了统一的催收管理系统，一定程度上提升了个人信息保护能力，但仍然存在系统安全性不高、隐私保护不到位等问题。二是信息交互规模大、维度广、机构杂，加大了个人信息保护难度。金融机构与催收公司每年的信息交互规模从数百万条到上亿条不等，且信息维度较为宽泛，除了个人身份信息外还包括学历信息、社交信息、网络行为信息等，一旦出现信息泄露将严重损害金融信息主体合法权益，甚至引发社会信任危机。此外，催收行业尚未建立统一市场准入标准，参与主体众多、鱼龙混杂，也加大了个人信息保护难度。三是个人金融信息保护标准落地执行不到位，全生命周期个人信息保护机制有待加强。在国家层面，近年来人民银行科技司、征信管理局分别从技术和业务等方面持续加强个人信息保护制度建设，相关工作取得显著成效。但从行业层面看，仍有部分金融机构对于个人信息保护不够重视，或者因缺乏具体操作指引而在标准执行层面存

在困扰，个人信息保护要求尚未得到全面落实。此外金融机构管理能力参差不齐，全生命周期个人信息保护机制有待加强。

第四节　互联网消费金融的发展趋势与展望

一、宏观环境不确定性增强，行业发展机遇大于挑战

在经济新常态和外部冲击的影响下，宏观环境和行业发展不确定性增强。面对国内外风险挑战明显上升的复杂局面，2019年中央经济工作会议明确指出，我国经济稳中向好、长期向好的基本趋势没有改变，我国金融体系总体健康，具备化解各类风险的能力。会议要求，引导资金投向供需共同受益、具有乘数效应的先进制造、民生建设、基础设施短板等领域，促进产业和消费"双升级"，充分挖掘超大规模市场优势，发挥消费的基础作用和投资的关键作用。通过稳就业促增收保民生，提高居民消费意愿和能力，推动线上线下融合，多措并举扩消费，适应群众多元化需求。2020年是全面建成小康社会和"十三五"规划收官之年，尽管目前内外部环境复杂多变，但是消费金融相关政策扶持力度不断加大，总体来看，行业发展机遇大于挑战，消费金融公司需要审时度势，抓住政策机遇，苦练内功，化危为机，才能赢得长远发展。

二、行业风险加速出清，持牌机构迎来更大发展空间

随着互联网金融风险专项整治进入收官之年，行业"破旧立新"将进一步加速。一方面，行业风险加速出清。监管部门将继续加快P2P网贷机构的清退与转型，打击各类非法现金贷业务等。随着P2P网贷等非持牌机构加速出清，消费金融公司等持牌金融机构将迎来更大的发展空间，贷款规模有望进一步增长。另一方面，监管规则日益完善。《商业银行互联网贷款管理办法（征求意见稿）》有望正式发布，这个文件不仅对商业银行、消费金融公司等持牌金融机构互联网贷款业务经营行为进行了规范，同时针对合作机构准入、合作协议、信息披露等方面进行了较为细致的规定，有利于金融机构与金

融科技公司进一步回归本位，有效落实金融持牌经营原则，促进互联网贷款业务平稳健康发展。

三、市场竞争加剧，持牌机构与互联网平台融合发展

随着消费金融行业发展由成长阶段进入成熟阶段，市场竞争趋势也将由增量竞争逐渐转为存量竞争。行业优胜劣汰加速，强者的市场地位在竞争中不断稳固和增强；弱者在竞争中市场规模不断萎缩，甚至可能被挤出市场。在竞争方式上，从不同客群、不同产品之间的差异化竞争，转向相同客群、同类产品之间同质化的价格竞争，从低水平的市场规模竞争，转向高水平的服务质量的竞争，从产品和价格的竞争逐步转向内部技术和管理能力的竞争。随着竞争程度的加剧和竞争方式的改变，行业盈利空间不断被压缩。为在激烈的市场竞争中赢得优势，持牌机构与互联网平台将进一步走向融合发展，以更好地发挥持牌机构的资金优势和互联网平台的场景优势。合作方式主要包括场景合作和技术合作。在场景合作方面，互联网平台具有场景优势，成为其参与消费金融业务的核心竞争力。场景优势可以直接衍生出获客优势和风控数据优势，通过长期历史数据训练风控模型又可以逐步形成技术优势。

四、个人信息保护不断加强，数据使用更加规范

加强个人信息保护，促进数据合规使用，是消费金融行业规范健康发展的重要基础。在个人信息保护方面，2019年10月22日，《个人信息安全规范》（GB/T 35273）出台更新版征求意见稿，针对市场环境及技术环境的变化加入了大量新增合规要求，更为契合市场实践，为企业和金融机构开展相应的合规工作提供了更具可执行性的操作方案。2019年12月27日，人民银行发布《金融消费者权益保护实施办法（征求意见稿）》，明确要求金融机构收集、使用消费者金融信息，应当遵循合法、正当、必要原则，不得收集与业务无关的消费者金融信息。可以预见，未来消费金融行业个人信息保护要求必将越来越严格，并逐步成为行业合规发展的基本要求。与此同时，数据是金融科技创新应用的核心资源，是优化提升信贷服务质量的基础，因此需要在加强个人信息保护的同时促进数据合规使用。制度层面，由政府和市场双轮驱动扩大合规数据资源供

给，确保所有个人数据采用和使用均需获得个人授权，严格落实金融消费者权益保护相关要求。技术层面，充分发挥多方计算、联邦学习等金融科技手段，既打破当前消费金融领域信息"孤岛"，实现信息综合利用，提升全行业风控水平，又保障数据脱敏和按照规定用途使用，实现个人信息的全方位、全过程、全天候自动保护，促进行业合规发展。

第七章
互联网证券

- 2019年互联网证券发展情况
- 互联网证券的发展环境
- 互联网证券的主要问题与挑战
- 互联网证券的发展趋势与展望

第七章 互联网证券

第一节 2019年互联网证券发展情况

一、国内证券市场逐渐回暖，行业发展整体向好

2019年，国内证券市场逐渐回暖，国家出台多项政策释放红利，进一步激发了市场活力和发展潜能，我国证券行业发展整体向好，证券公司盈利能力有所增强。中国证券业协会统计数据显示，2019年度133家证券公司实现营业收入3 604.83亿元，较上年同期增长35.37%，实现净利润1 230.95亿元，较上年同期增长84.77%，120家公司实现盈利（图7-1）。2019年末，133家证券公司总资产约为7.26万亿元，较上年同期增长15.97%，净资产2.02万亿元，较上年同期增长6.88%。

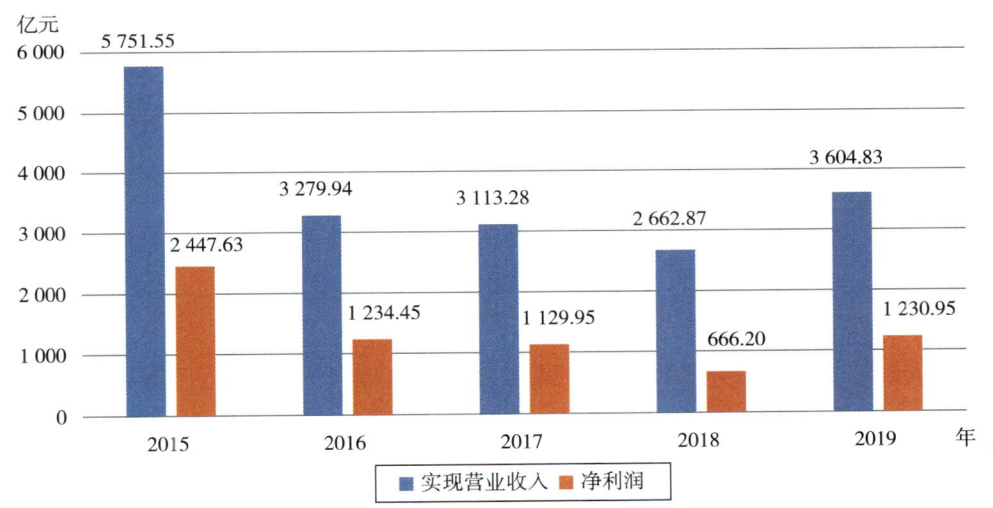

图7-1 2015—2019年证券行业营业收入及净利润

（数据来源：中国证券业协会，中国互联网金融协会整理）

从营业收入结构看，2019年我国证券行业各主营业务收入分别为代理买卖证券业务净收入（含席位租赁）787.63亿元、证券承销与保荐业务净收入377.44亿元、财务顾问业务净收入105.21亿元、投资咨询业务净收入37.84亿元、资产管理业务净收入275.16亿元、证券投资收益（含公允价值变动）1 221.60亿元、利息净收入463.66亿元，占比最高

的两项业务分别为证券投资收益和代理买卖证券业务净收入，占比达到37.37%和24.10%（图7-2）。各主营业务收入除财务顾问业务净收入同比下降5.64%外，其余业务均有不同幅度的增长，其中增长幅度最大的两项业务分别为利息净收入和证券投资收益，分别同比增长115.81%和52.65%。

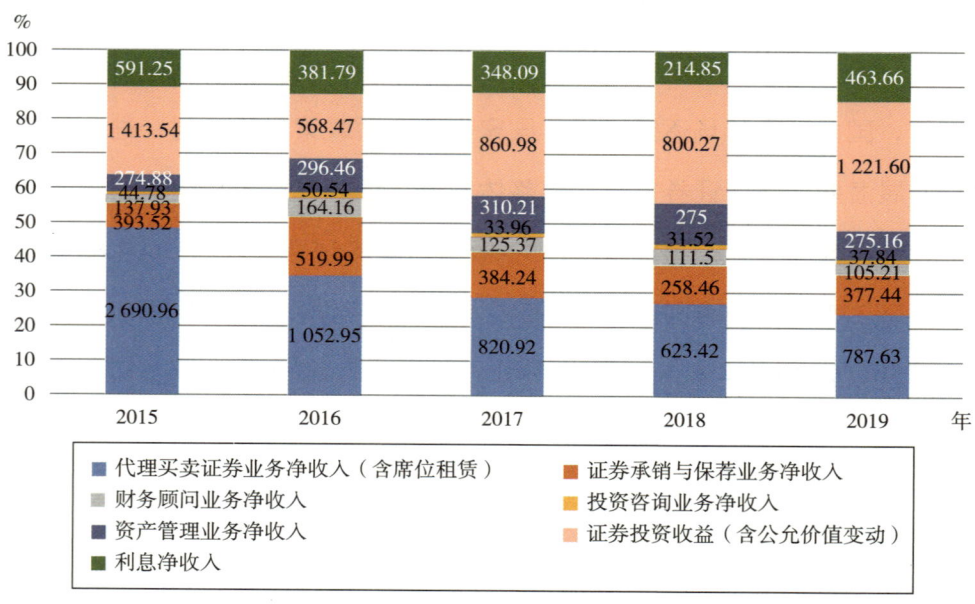

图7-2 证券行业营业收入结构

（数据来源：中国证券业协会，中国互联网金融协会整理）

二、信息技术与金融业务不断融合，信息技术投入持续增加

在信息技术与金融业务不断融合并深入发展的背景下，证券公司重视信息化建设，并持续加大信息技术投入。证券公司信息技术投入指标发布以来，证券行业对信息科技重视程度不断增强，行业信息技术投入逐年增长。2019年全行业信息技术投入金额205.01亿元，同比增长10%，占到2018年营业收入的8.07%，较上年同期提高了2.03个百分点。2017年至今证券行业在信息技术领域累计投入达550亿元，行业持续加大信息技术领域的投入为行业数字化转型和高质量发展奠定坚实基础。2019年98家信息技术投入金额在5亿元以上的证券公司14家，1亿元至5亿元（含）40家，5 000万至1亿元（含）30家，5 000万元以下14家（图7-3）。信息投入金额占比在上年营业收入的10%以上的机构有7家，其中占比最高的为东方财富，达25.01%。

第七章　互联网证券

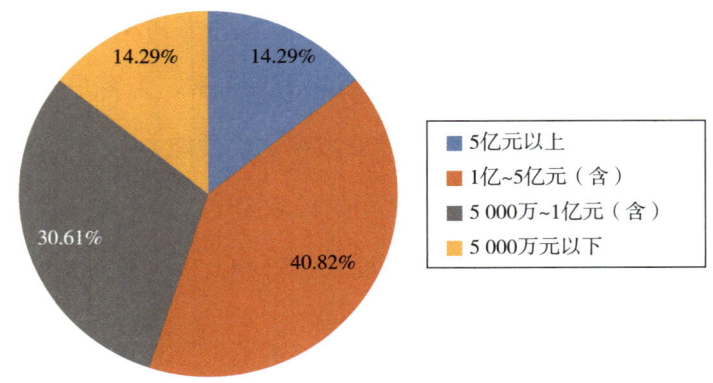

图7-3　证券行业信息技术投入情况

（数据来源：中国证券业协会，中国互联网金融协会整理）

从研发人员占比来看，2019年6家样本公司[①]平均研发人员占比为7.75%，较2018年增加0.16个百分点（图7-4），表明证券公司在人员配置上不断加大互联网化投入。

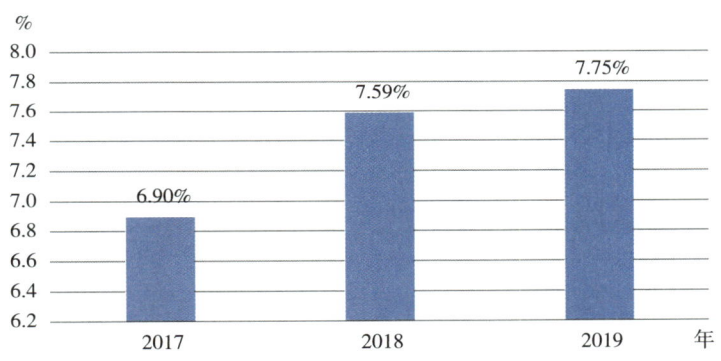

图7-4　样本公司平均研发人员占比情况

（数据来源：中国互联网金融协会整理）

三、互联网证券APP产品丰富，活跃用户数稳步上升

近年来，证券公司以移动端应用（以下简称APP）为突破口，推动互联网证券业务发展。据不完全统计，截至2019年末，133家证券公司中，有110家[②]公开发布互联网证券APP共291款，平均每家证券公司发布APP约2.65款。从APP类型及功能来看，互联网证券APP种类丰富，主要包括证券交易APP，整合产品及服务的综合性APP，与证券信息服

[①] 选取的6家具有代表性的证券公司包括安信证券、长城证券、国金证券、平安证券、招商证券、中金财富证券。
[②] 证券公司名单来源于中国证券监督管理委员会证券公司名录，未包括资产管理公司、承销保荐公司。

务机构合作推出的定制版APP，开户专用APP，期权业务专用APP，面向证券公司内部展业、客户管理等用途APP。证券公司APP产品的不断丰富，为客户提供了线上化办理证券相关业务的有效途径，有利于增强证券行业数字化治理能力。

从活跃用户数来看，2019年6家样本公司的12款APP，年平均月度活跃用户数共计为1 129.50万户，较2018年增加139.01万户，同比上升14.03%（图7-5）。自2017年以来，互联网证券APP的活跃用户数量保持稳步增长。

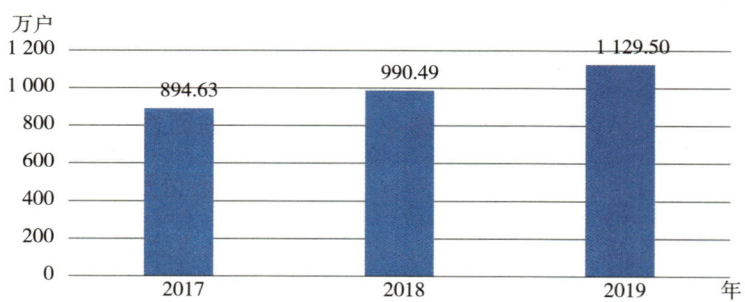

图7-5　样本公司APP年平均月度活跃用户数

（数据来源：中国互联网金融协会整理）

四、移动端逐渐成为在线交易主流，交易量与用户数攀升

2019年，证券移动端交易金额及用户数均有显著增长。从交易金额来看，2019年6家样本公司移动端交易金额为14.42万亿元，较2018年增加5.08万亿元，同比上升54.39%；PC端交易金额为10.98万亿元，较2018年增加1.76万亿元，同比上升19.09%（图7-6）。

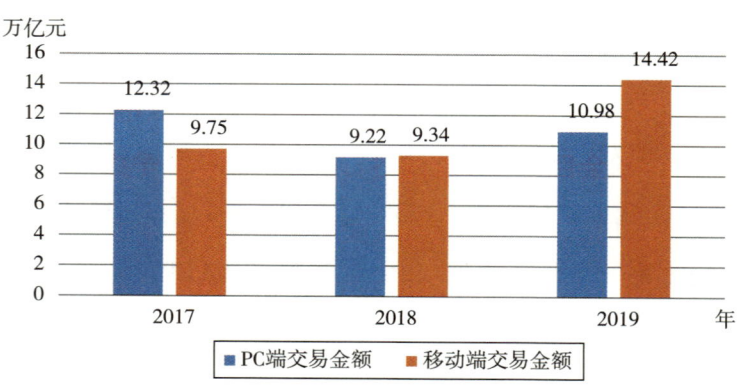

图7-6　样本公司PC端和移动端交易金额

（数据来源：中国互联网金融协会整理）

第七章 互联网证券

从交易用户数来看，2019年6家样本公司移动端交易用户数①为693.48万人，较2018年增加77.34万人，同比上升12.55%；PC端交易用户数为159.36万人，较2018年减少18.98万人，同比下降10.64%（图7-7）。

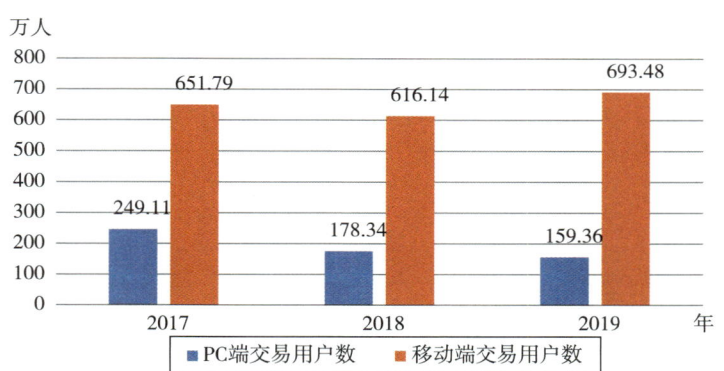

图7-7 样本公司PC端和移动端交易用户数

（数据来源：中国互联网金融协会整理）

五、理财产品销售规模扩大，移动端为其主要渠道

2019年，6家样本公司移动端理财产品销售规模为8 373.02亿元，较2018年增加3 030.16亿元，同比增长达56.71%；PC端理财产品销售规模为435.67亿元，较2018年则减少189.13亿元，同比下降30.27%（图7-8）。

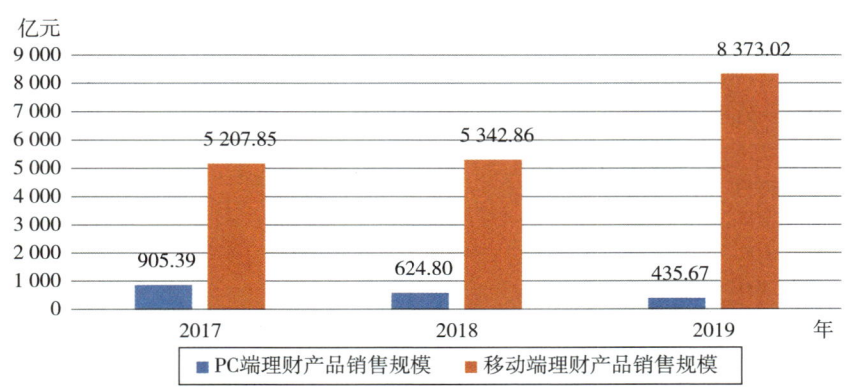

图7-8 样本公司PC端和移动端理财产品销售规模

（数据来源：中国互联网金融协会整理）

---

① 指当年在移动端进行过交易的用户数量，PC端交易用户数同理。

2019年，6家样本公司移动端理财产品投资人数为129.94万人，较2018年减少53.75万人，同比下降29.26%；PC端理财产品投资人数为4.85万人，较2018年减少0.7万人，同比下降12.61%（图7-9）。尽管自2017年以来持续下降，移动端理财产品投资人数仍显著高于PC端理财产品投资人数。

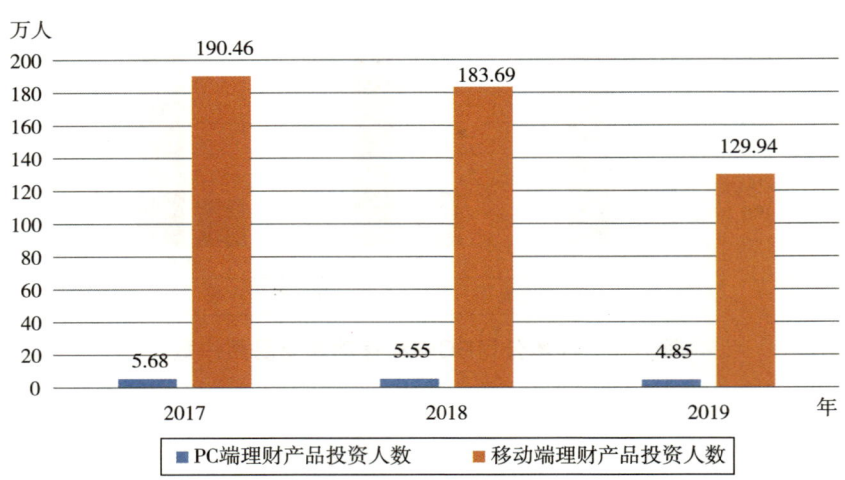

图7-9 样本公司PC端和移动端理财产品投资人数

（数据来源：中国互联网金融协会整理）

六、移动端开户数持续呈下降趋势，增量客户开发面临挑战

2019年，6家样本公司移动端开户数415.22万户，较2018年减少60.18万户，同比下降12.66%（图7-10）。互联网证券业务获客难度在逐渐增加，自2017年以来，移动端开户数呈现持续下降态势。

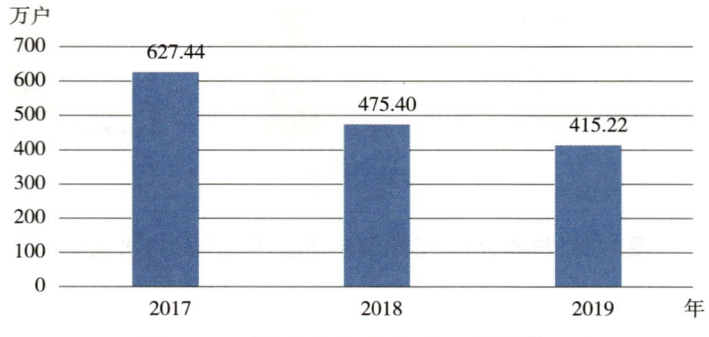

图7-10 样本公司移动端开户数情况

（数据来源：中国互联网金融协会整理）

第二节　互联网证券的发展环境

一、对外开放速度加快，与国际资本市场的联系日益紧密

2019年金融业对外开放明显提速，5月，中国银保监会提出12条银行业、保险业新开放政策措施。7月，国务院金融稳定发展委员会办公室对外发布《关于进一步扩大金融业对外开放的有关举措》，将原定于2021年取消证券公司、基金管理公司和期货公司外资股比限制的时点提前到2020年。9月，国家外汇管理局决定取消合格境外机构投资者（QFII）和人民币合格境外机构投资者（RQFII）投资额度限制。此外，A股正式纳入富时罗素全球股票指数，MSCI扩大A股权重，将A股纳入MSCI的因子从5%进一步提升到20%，我国资本市场与国际资本市场的联系日益紧密。从海外成熟市场的开放经验来看，对外开放有助于本国资本市场的机构化、专业化和市场化，有助于履行竞争中性原则。在金融业对外开放的双向过程中，给境内外券商带来更多互动和交流，同时随着开放措施落地，也会加大行业竞争格局复杂度。境内券商通过参与国际竞争、学习借鉴国际经验，结合本土积淀，优化金融服务能力，推进自身全球化发展；境外机构带来的海外市场的管理理念、企业文化及管控模式，亦会带动整个行业的价值多元化。

二、"严监管"和"促发展"齐头并进，进一步激发了市场活力和发展潜能

2019年1月，证监会发布《关于在上海证券交易所设立科创板并试点注册制的实施意见》（证监会公告〔2019〕2号），对上交所设立科创板及稳步实施注册制、完善基础制度等方面作出原则性规定；3月，证监会发布《科创板首次公开发行股票注册管理办法（试行）》与《科创板上市公司持续监管办法（试行）》，明确了科创板基本发行条件、持续监管原则及发行上市审核相关的规则等。2019年以来，科创板相关制度逐步完善，并设立了子公司跟投机制，绑定了证券公司与申报企业的利益，促使从业机构在项目的选择上更加谨慎，也对证券公司净资本金提出了更高的要求。整体看，科创板相关制度的实施为证券公司投资银行业务的发展提供了新的机遇，但由于起步较晚，具体项

目的实施也对证券公司投行团队的能力和水平形成一定挑战。此外，监管政策逐步松绑股指期货政策、放松投行并购重组政策、发布股权管理规定、重启内资券商设立审批、批准多家外资控股券商等，在规范证券公司业务经营、提升风险防控意识和防控水平、推动券商差异化发展的同时，有助于提升市场活跃度，进一步增强市场活力。

三、行业信息技术管理规则细化，对互联网证券合规管理提出新要求

《关于进一步规范证券账户销户业务的通知》（中国结算发字〔2018〕172号），要求自2019年3月1日起，对于非现场开户的投资者，各证券公司应当至少提供与开户方式一致的非现场销户服务，做好相关业务和技术准备工作。网上销户等一系列措施的推出，是证券行业互联网属性的重要体现，网上销户渠道的开通，会加速投资群体的自然流动，有利于督促券商增强自身服务，提高客户黏性，为互联网券商开拓业务带来了全新的机遇。《证券基金经营机构信息技术管理办法》（证监会令〔第152号〕）自2019年6月1日起实施，该办法明确了在信息技术治理、信息技术合规与风险管理、信息技术安全等三大领域的管理要求，并制定了相关罚则，有助于引导证券经营机构充分利用现代信息技术手段完善客户服务体系，改进业务运营模式，提升内部管理水平，增强合规风控能力，更好地保护投资者权益和服务实体经济。行业信息技术管理相关规则的细化，体现了监管对实施金融科技战略的高度重视，为证券经营机构大力发展金融科技创造有利的外部条件，为互联网证券有序健康地发展提供了法律的保障与支持。

第三节　互联网证券的主要问题与挑战

一、部分证券公司业务同质化程度较高

当前，互联网证券行业面临获客成本上升与佣金费率下降等挑战。2017年以来，6家样本公司的移动端开户数不断减少，表明互联网证券业务获客成本有所上升，获客难度

第七章　互联网证券

在加大；中国证券业协会数据显示，2019年全年行业平均佣金率为0.349‰，较2018年的0.376‰有所降低，意味着经纪业务利润空间被持续压缩。在流量日益稀缺与佣金费率不断下滑的背景下，部分证券公司互联网证券业务发展模式较为单一，以证券经纪业务为主，仍停留在开户引流和赚取佣金层面，在财富管理、投资顾问、代销理财等领域布局滞后，未形成多元化和差异化的产品供给层次，难以保持理想的流量转化率、用户黏性及活跃度，将面临更为激烈的竞争及更大的转型压力。

二、金融科技应用实践须进一步深入

得益于证券公司的不断重视及投入，互联网证券业务有了较快发展，但截至目前，部分从业机构的互联网业务发展仍以线下业务向线上转化为主，如开户及交易等，金融科技应用有待向更高阶段的全面赋能方向迈进。客观来说，互联网证券不仅仅是传统证券业务的线上化，也包括网络化、智能化的新型证券业务，这就要求金融科技手段与前中后台各业务环节和流程进行深度融合，从根本上打破信息壁垒，消除技术瓶颈，从而提升各类系统及数据库综合性能，赋能客户身份识别及风控等关键环节，整合线下网点与线上渠道，优化财富管理、智能投顾等业务布局，助力证券行业全面数字化转型。因此，当前金融科技手段在互联网证券业务发展中的应用不够深入，有待于进一步的探索和实践。

三、部分相关监管规定有待统一和明确

通过线上渠道，证券公司可消除地域限制，在全国范围内开展业务，提供产品和服务。线上化、跨区域的特征丰富了金融产品供给，弥合地区间金融可得性差距，也对互联网证券业务监管提出了更高的要求，具体来看，一是各地监管政策需保持统一，比如各地在最低佣金费率、高龄客群及融资融券业务的线上开户要求等方面应当保持一致，以适应互联网证券跨区域的经营特点，消除从业机构的监管套利和不正当竞争空间，营造公平有序的互联网证券业务发展环境；二是部分监管规定应进一步明确，以丰富互联网证券业务政策供给，引导和促进互联网证券业务健康发展，比如《证券公司交易信息系统外部接入管理暂行规定（征求意见稿）》于2019年2月发布，对证券公司外部系统接

入提出管理约束，但截至目前正式稿尚未出台，证券公司与互联网公司相关业务合作多处于停滞状态，双方合作边界及领域有待进一步细化深化。

第四节　互联网证券的发展趋势与展望

一、监管科技手段适配业务创新

互联网证券业务创新依靠云计算、大数据、区块链、人工智能等技术应用，集中体现在经营理念和运营模式的迭代更新，一定程度上扩大了证券行业的经营范围，模糊了行业边界，也不断产生新的风险。以获客及维系客户为例，互联网证券业务试图更加精准地掌握客户信息，提升产品交互能力，为客户提供更具吸引力的金融服务，与之相对，相关技术及业务风险也随之而至，比如技术服务主体可能模糊证券业务活动和技术服务的边界违规开展证券业务，或进行敏感数据截流、违规交易等。因此，对监管部门来说，及时充分评估互联网证券创新业务，使用科技化智能化的手段提升监管能力将是未来重要发展趋势之一，通过监管科技工具，对创新业务实施事前的合规性评估和创新性评估，事中实时监测，确保及时准确发现突破经营范围展业、内幕交易、市场操纵、信息买卖等违法违规行为，并对应完善相关监管规定，适配业务创新发展，从而鼓励真正意义上的创新，打击伪创新。

二、数字化转型加速金融科技能力提升

互联网证券业务的本质是数字化经营和金融科技能力的体现。未来，数字化转型和金融科技能力提升将是证券业务顶层设计的重要内容。在业务方面，将实现客户进一步细分，并提供多样化定制化服务，发展多元化、差异化竞争方向，还可通过构建平台化智慧化的运营方式，如利用数据中台提供精准获客、客户尽调、行为分析等各类功能，对外支持智能客服、反欺诈、投顾分析等服务，提高效率，节约成本，并形成人工智能、区块链、云计算、大数据等技术在证券行业的应用标准及规范。在管理方面，组织

架构、业务流程、管理机制等均将体现数字化及金融科技基因，数据资源、数据中台将成为重要基础设施，各类流程将基于技术手段和数据分析结果，组织效率更高，业务目标更明确。

三、场景融合进一步深化

证券业务将进一步深化与互联网场景融合，通过产业合作、建立生态等手段致力于更加准确地获取有价值的信息。在提升引流获客能力方面，将与垂直细分类场景融合实现业务引流，如证券资讯、即时通信、互联网支付、记账、电商、办公自动化等实现证券业务服务下沉。在构建互联网证券业务生态方面，将提供智能投顾、财富管理、代销理财等更为多元的产品及服务，实现证券业务千人千面，增强客户黏性和满意度。在交易方面，实现做市交易、账户管理、登记结算、支付、风险控制资产支持证券交易流转等各类功能服务，实现客户、产品及交易的最终落地。

第八章
互联网股权融资

- 2019年互联网股权融资发展情况
- 互联网股权融资的发展环境
- 互联网股权融资的主要问题与挑战
- 互联网股权融资的发展趋势与展望

第八章 互联网股权融资

第一节 2019年互联网股权融资①发展情况

一、2019年运营平台②数量持续下降且聚集于北上广等地

截至2019年末，在中国互联网金融协会持续追踪研析的35家互联网股权融资平台中，官网可访问且2019年度有成功融资项目的平台有8家，官网可访问但2019年度没有成功融资项目的平台有20家，官网无法访问的平台有7家（图8-1）。

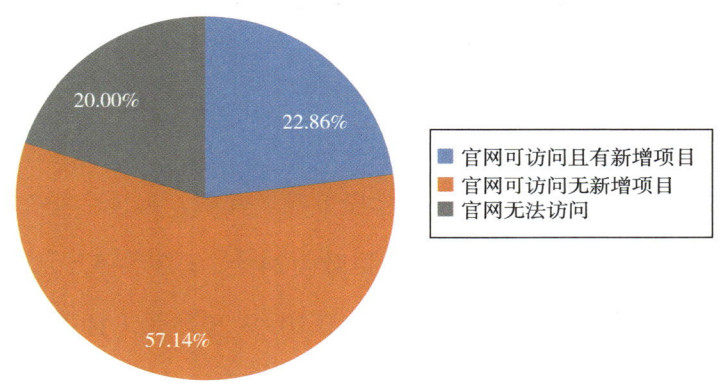

图8-1 互联网股权融资平台运营情况

（数据来源：云投汇云天使研究院，中国互联网金融协会整理）

2019年在运营平台数量持续减少，据不完全统计，上述28家在运营平台近九成集中分布在广东、北京、上海三地，机构数量分别为11家、10家、3家，其余在运营平台分布在浙江（2家）、江苏（1家）和河南（1家）（图8-2）。整体来看，我国互联网股权融资平台在地域分布上高度聚集，与区域经济发达程度、创新创业活跃程度契合度较高。

---

① 本章节中互联网股权融资指互联网非公开股权融资。
② 本报告中的运营平台为官网可访问的互联网股权融资平台，所呈现的信息皆采集自各平台官网，采集时点为2019年12月31日。

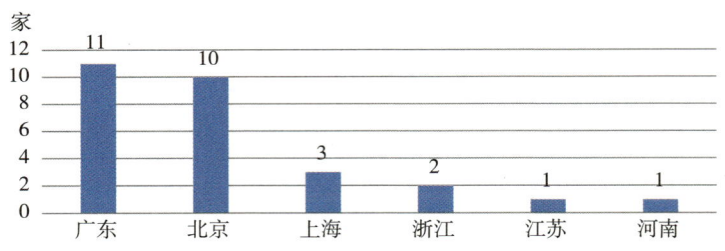

图8-2 运营平台的地域分布情况

（数据来源：云投汇云天使研究院，中国互联网金融协会整理）

二、新增成功融资项目数和融资金额均下降

据不完全统计，截至2019年末，28家在运营平台中8家平台有上线且成功融资的项目[①]，新增成功融资的上线项目共计76个，新增成功融资金额4.76亿元，参与投资3 493人次。相较于2018年运营平台新增成功融资项目数122个、新增成功融资金额12.06亿元，继续大幅下降。

76个成功融资项目均对外披露了项目起投金额。其中，起投金额在1万元以内（含）的项目数为30个；在1万~3万元（含）的项目数为24个；在3万~5万元（含）的项目数为13个；在5万~10万元（含）的项目数为5个；在10万~20万元（含）的项目数为2个；在20万元以上的项目数为2个（图8-3）。起投金额在3万元（含）以下的项目数占比相对较高，达71.05%。

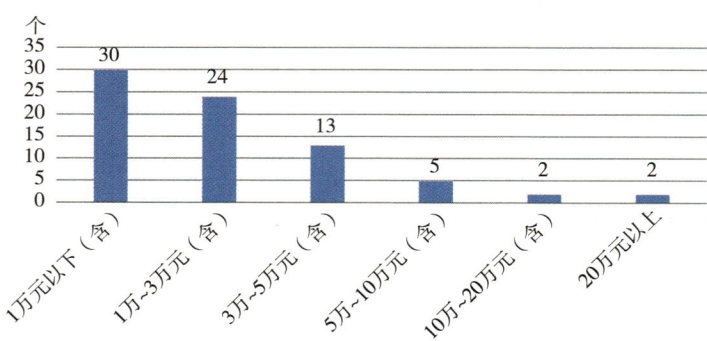

图8-3 运营平台新增成功融资项目起投金额分布

（数据来源：云投汇云天使研究院，中国互联网金融协会整理）

---

① 8家平台分别是云投汇、迷你投、第五创、多彩投、聚募、靠谱投、众筹客、众筹中原。

三、近九成新增成功融资项目融资轮次处于天使轮

2019年，在运营平台新增成功融资项目的融资轮次处于天使轮、A轮、B轮或C轮的项目数量分别为68个、3个、5个。融资轮次主要集中于天使轮，融资金额为4.31亿元；A轮融资金额为0.21亿元；B轮或C轮融资金额为0.24亿元（图8-4）。从各轮次平均融资金额来看，A轮平均融资金额最高，为688.67万元；天使轮平均融资金额为634.45万元；B轮或C轮平均融资金额为486.05万元。

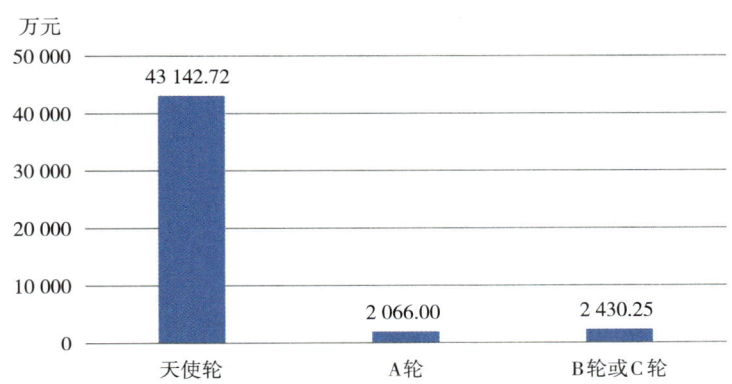

图8-4　运营平台新增成功融资项目总融资额轮次分布

（数据来源：云投汇云天使研究院，中国互联网金融协会整理）

四、新增成功融资项目集中在消费升级领域

2019年，在运营平台新增成功融资项目集中在消费升级的各行业和产业领域，其中新增酒店住宿项目20个、美食餐饮项目20个、移动互联网项目12个、文化娱乐项目7个、本地生活项目4个，以上行业项目总数占比达到80%以上。其他行业项目数较少，依次是股权投资项目3个、科学技术项目2个、农业项目2个、石化项目2个、教育培训项目1个、区块链项目1个、新材料项目1个、医药项目1个。

从新增成功融资项目总融资金额的行业分布来看，酒店住宿行业的总融资金额最高，为28 264万元，其余依次是新材料行业7 752万元、美食餐饮2 484万元、股权投资1 732万元、移动互联网1 709万元、农业1 549万元、科学技术1 312万元、文化娱乐944万元、医药行业909万元、教育培训500万元、区块链200万元、石化174万元、本地生活110万元（图8-5）。

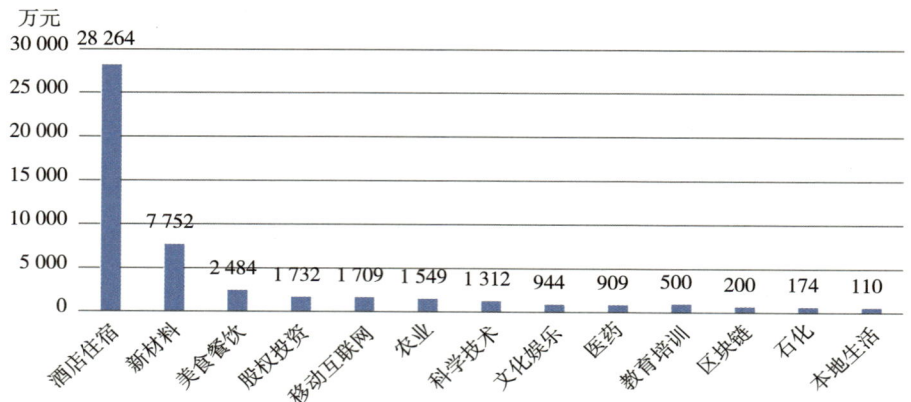

图8-5 运营平台新增成功融资项目总融资额行业分布

（数据来源：云投汇云天使研究院，中国互联网金融协会整理）

从新增成功融资项目的平均投资人次行业分布来看，酒店住宿行业的平均投资人次最多，为76人次；其次是农业项目59人次、移动互联网57人次、股权投资50人次；本地生活、新材料、区块链相关项目投资人次相对较少。

在所有的项目中，未超募的项目的数量为46个，超募的项目数量为30个。

五、超七成新增成功融资项目集中在东部和华北地区

2019年，在运营平台新增成功融资项目主要分布在我国东部（36个）、华北（20个）、西部（9个）、东北（6个）、中部（5个），其中，广东、北京、浙江、河北、四川五个地区新增成功融资项目数量最多（图8-6）。

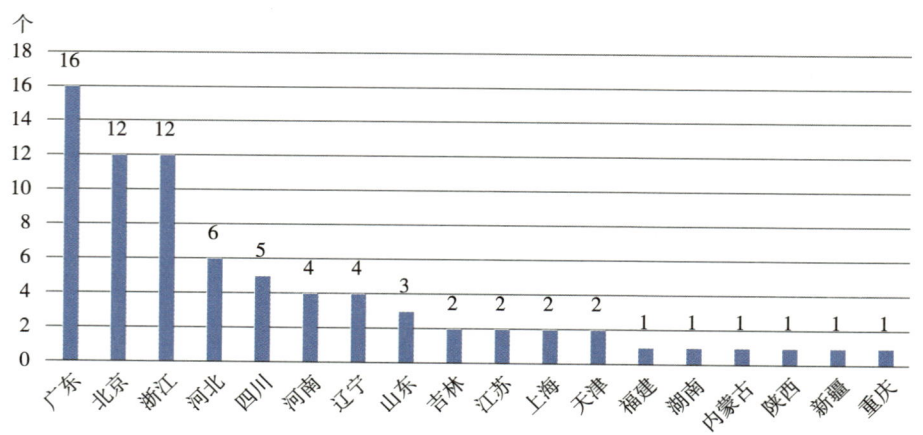

图8-6 运营平台新增成功融资项目地区分布

（数据来源：云投汇云天使研究院，中国互联网金融协会整理）

新增成功融资项目额排名前五的地区依次为广东（10 002万元）、江苏（7 883万元）、北京（6 873万元）、浙江（5 915万元）和河北（4 305万元）。单个新增成功融资项目平均融资额在1 000万元以上的地区依次为四川（3 192万元）、山东（3 140万元）、上海（2 783万元）、内蒙古（1 245万元）；重庆单个新增成功融资项目平均融资额为500万元；陕西、福建、湖南、天津、辽宁、吉林、河南、新疆等地区的项目平均融资额在500万元以下（图8-7）。

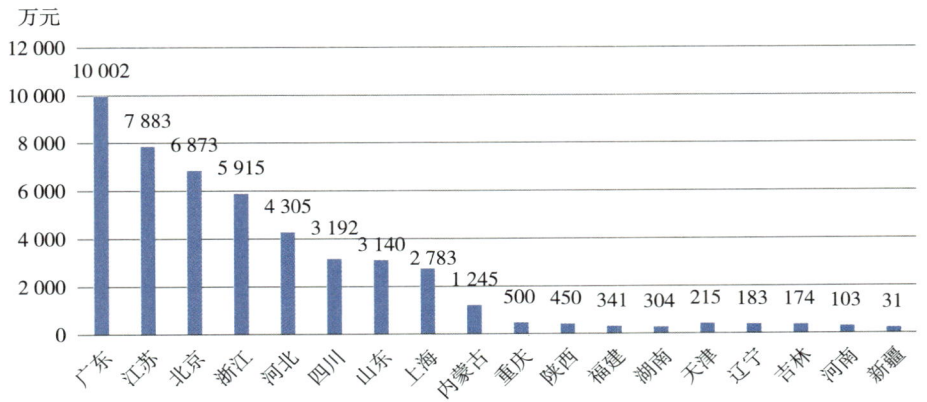

图8-7　运营平台新增成功融资项目总融资额地区分布

（数据来源：云投汇云天使研究院，中国互联网金融协会整理）

第二节　互联网股权融资的发展环境

一、政策环境

行业合规发展的监管政策尚不明朗。2019年1月24日，中共中央、国务院发布《关于支持河北雄安新区全面深化改革和扩大开放的指导意见》，明确提出"筹建雄安股权交易所，支持股权众筹融资等创新业务先行先试"。3月15日，证监会发布2019年度立法工作计划，表示力争年内公开发布《股权众筹试点管理办法》。12月28日，第十三届全国人大常委会第十五次会议审议通过了修订后的《中华人民共和国证券法》（简称新证券法），关于公开发行证券豁免核准、注册的规定，行业期盼加入的股权众筹豁免内容并没有体现。

二、经济环境

2019年，世界经济增速放缓，不稳定、不确定因素较多，中美贸易摩擦持续，中国经济发展的外部环境趋紧。国内方面，伴随着供给侧结构性改革的深入推进，传统产业加速转型升级，高新技术产业、战略性新兴产业、装备制造业等新动能、新业态快速涌现，新旧动能接续整体平稳。需求端方面，2019年我国内需对经济增长贡献率为89.0%，其中，最终消费支出贡献率为57.8%，内需潜力巨大且有待进一步释放。与此同时，受环保、能耗、行业监管等多方面政策约束，中小微企业融资难、融资贵等问题依然突出，互联网投融资市场活跃度低位运行。

三、社会环境

互联网股权融资通过自身创新的融资模式、便捷的融资服务，有助于拓宽中小微企业融资渠道、推动实体经济发展、促进大众创业万众创新。另一方面，由于行业法律法规尚不明朗、项目审查标准不明、投资环境不成熟等问题，互联网股权融资市场信息不足，各相关主体参与意愿持续低迷。

四、技术环境

在大数据、云计算、人工智能、区块链、移动互联网等新兴信息化科技的浪潮下，互联网股权融资行业数字化进程持续推进，不断释放创新驱动的原动力，有效提升了服务水平，降低了交易成本，同时也使交易安全性得以大大提高。此外，一些头部平台正在积极探索科技应用，力争在获客、风控、投后管理等项目全生命周期持续提升业务经营能力。

第三节　互联网股权融资的主要问题与挑战

一、行业法律地位不明，监管政策仍未出台

受限于新证券法等相关条款，股权融资无法采用公开方式募集资金，目前行业实践基本上都是特定范围内的私募股权融资，即互联网非公开股权融资。2019年，互联网股权融资平台的数量继续减少，相关监管政策仍未出台，多数机构处于观望状态。

二、项目缺乏评判标准，尽调审查成本较高

互联网股权融资主要面向中小微企业，对于处于创业初期的项目，对其开展尽职审查成本较高、周期较长，实现完全准确评判难度较大，往往得不偿失。如何将非标准的项目产品标准化，通过规范、系统的程序进行项目评判，是整个行业面临的难题。

三、股权项目退出困难，投后管理易产生纠纷问题

股权融资具有周期长、风险大、流动性差的特点，使得单一项目投资或组合投资的收益预测很难量化，尤其是初创企业风险更大，投资风险也更高。目前行业内普遍采用私募的退出方案，但是由于项目发展极不稳定、初创公司对投后管理缺少经验，项目成功退出的路径较为曲折复杂。此外，在业务实践中，大多数项目由领投人（领投机构）负责投后管理工作，当领投人投资企业过多、精力上难以顾及时，容易出现投后纠纷问题。

四、投资人教育不足，投资环境尚不成熟

一方面，我国投资人群基数较大，且普遍对互联网股权融资缺乏认识和经验，风险意识不强、风险识别能力较差；另一方面，各从业机构对合格投资者的界定标准不一，导致一些不合格的投资者参与项目投资，从而引发司法纠纷等问题。

第四节　互联网股权融资的发展趋势与展望

一、行业监管仍将处于趋严状态

在中美贸易摩擦不断升级和反复的过程中，我国将会采取更多政策措施支持中小微企业的创新发展，作为多层次资本市场的有益补充，互联网股权融资对缓解小微初创企业的融资难题或可发挥积极作用。目前，互联网股权融资行业正处于行业周期的初创期，在金融监管趋严的背景下，仍有行业乱象尚未肃清，需逐渐规范发展。随着相关法律法规的建立和完善，有效的监管模式或可引导市场及从业机构的良性进化。

二、科技力量助力行业规范发展

互联网股权融资行业属于技术驱动型，其治理模式也将遵循行业发展的内在逻辑，逐渐从"人力监管"向"技术治理"的思路转变。互联网金融风险专项整治目前仍在进行中，互联网非公开股权融资行业发展生态有待建设完善。通过建立健全行业发展长效机制，以合格投资者准入、项目管理和退出、基础设施建设等为主要抓手，结合大数据、云计算、人工智能、区块链等先进技术，进一步促进行业规范发展，从而更好地激活民间资本，助力中小微企业，服务实体经济。

三、风控能力和合规水平成为核心竞争力

目前互联网股权融资的业务边界尚未厘清，监管政策仍在调整变化之中，从业机构须不断调整自身业务模式及商业模式，以适应政策变化和市场变化。因此，从业机构的风控能力及合规水平将成为行业竞争力的重要衡量指标，机构通过提高风控能力、坚持合规合法运营来增强自身综合实力，对于引导互联网股权融资业务回归缓解小微初创企业融资难题的业务初衷、加速行业优胜劣汰的良性循环、提振行业整体信心有着重要作用。

专题

- 移动金融客户端应用软件备案
- 2019年网上银行服务企业标准"领跑者"评估
- 人工智能金融应用原则的国际经验与政策启示
- 互联网金融反洗钱工作持续深入推进

专题1 移动金融客户端应用软件备案

2019年9月27日，中国人民银行印发《中国人民银行关于发布金融行业标准 加强移动金融客户端应用软件安全管理的通知》（银发〔2019〕237号，以下简称《通知》），通知明确中国互联网金融协会（以下简称协会）负责对从业机构客户端应用软件（以下简称App）的行业自律管理，并会同金融机构健全和完善风险信息共享、移动金融App投诉处理、投诉调查取证和转移处理等机制，制定行业公约，实施移动金融App实名备案制度。

一、背景与形势

（一）工作背景

随着全球经济社会加速向信息化、数字化、网络化转型发展，个人信息保护越来越受到人民群众的广泛关注与重视。加强移动金融App的行业自律管理并进行实名备案，是顺应时代趋势的必然结果。

立法先行。《中华人民共和国网络安全法》已于2017年6月1日起正式施行，《中华人民共和国个人信息保护法（草案）》也正式提交十三届全国人大常委会第二十二次会议首次审议。中国人民银行正在制定的《个人金融信息（数据）保护试行办法》则从部门层面，将个人信息保护的要求，在金融领域贯彻落实。

标准支撑。GB/T 35273—2017《信息安全技术 个人信息安全规范》在时隔11个月后，于2018年5月1日起实施。中国人民银行也相继发布了JR/T 0092—2019《移动金融客户端应用软件安全管理规范》等多项金融行业的安全标准。

（二）严峻形势

随着我国个人信息立法进程的加速，保障公民个人信息权益受到空前的关注。相比其他信息，金融领域的个人信息更具特殊性，与个人资产和信用状态等敏感信息高度相关,一旦泄露将可能对受害者的财产安全造成极大威胁。

移动金融App作为金融活动的重要组成部分,在为人们提供灵活便捷金融服务的同时,也因其具有网络环境开放性、操作系统多样化等特点而存在安全隐患,易受安全威胁。在全社会积极推动加强个人信息保护的大背景下,移动金融App存在安全防护能力参差不齐、超范围收集个人信息、仿冒钓鱼现象突出等问题。据统计,约70.22%的移动金融App存在高危漏洞,约6.16%的移动金融App被检测出恶意程序,仅有17.08%的移动金融App进行了加固。

开展移动金融App备案工作,对加强移动金融App的技术合规监控和信息安全监管,贯彻落实个人信息保护要求,有着举足轻重的作用。

二、备案工作概况

协会遵循国家信息管理部门和中国人民银行的政策指引,确定了"制度先行、建章立制","试点示范、以点带面"的工作思路,有序地组织金融机构启动移动App备案工作,并建设"智能化、便捷化、平台化"的移动金融App备案管理系统。

(一)建章立制

协会于2019年9月着手研究起草《移动金融客户端应用软件备案管理办法(草案)》,并组织中国支付清算协会、中金国盛认证公司、银行卡检测中心、中国金融认证中心等相关机构召开专题会议,就草案稿的主要内容进行讨论。10月,组织召开专题会议,中国支付清算协会、中金国盛认证公司、银行卡检测中心以及20余家银行、保险、证券、基金、支付机构参加。协会根据与会机构就草案稿提出的意见建议进行了研讨和完善,多次组织专家修改完善草案内容,并最终形成《移动金融客户端应用软件备案管理办法(试行)》。

(二)试点示范

协会在《通知》范围内的选取25家具有代表性、技术能力较强、有示范效应且试点意愿较强的机构,包含国有大型商业银行、股份制商业银行、城市商业银行、农村信用社、农村商业银行、外资银行、非银行支付机构、保险公司、证券公司等。其中,银行业金融机构占比为68%,主要国有大型商业银行均参与试点。在此基础上,协会于12月3

日召开金融业移动金融客户端应用软件备案管理工作试点启动会议,中国人民银行科技司李伟司长列会提出工作要求,协会相关领导同志就试点工作进行具体部署,从而拉开了此项工作的序幕。

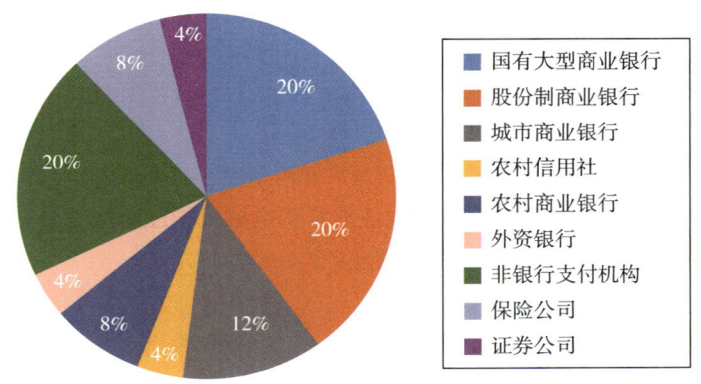

图专1-1 移动金融App备案试点机构类型分布

(数据来源:中国互联网金融协会)

(三)模块化建设

根据《通知》要求,协会在建设"智能化、便捷化、平台化"的移动金融App备案管理系统时,采取了业务模块化、循序渐进的思路,建设机构管理、实名备案、统计报表、风险共享、投诉处置和自律管理六大功能模块。

考虑到移动金融App备案工作前期集中于持牌金融机构注册和移动金融App备案,常态化运营后将集中于App风险监测和机构自律管理,App备案系统采用了微服务架构进行设计和开发,并于12月上线beta版,包含机构管理和实名备案两大功能模块,以满足试点示范工作需要。

截至12月底,App备案工作已取得初步进展,共有来自北京、山东、辽宁、广东等15个省市的103家持牌金融机构在备案系统完成注册,并申报了158款App的信息,其中试点机构申报了57款。

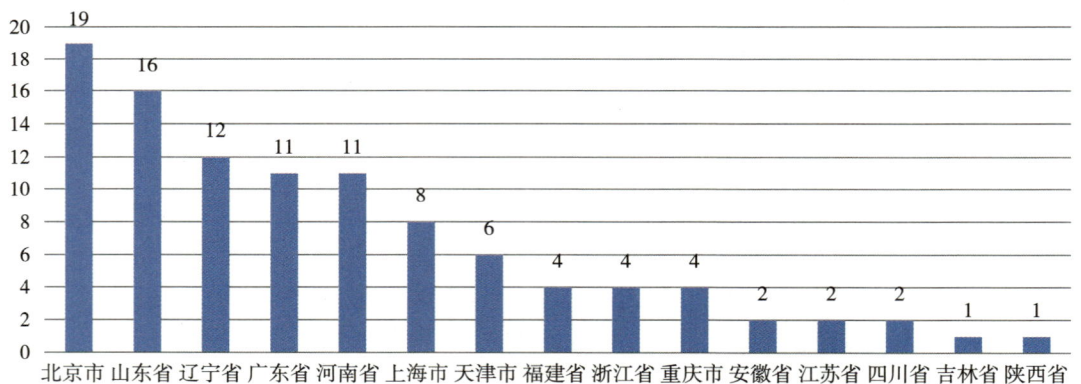

图专1-2　在备案系统完成注册持牌金融机构注册地区分布

（数据来源：中国互联网金融协会）

（四）风险监测

在移动金融App备案工作初期，风险共享等功能模块仍处于开发建设阶段。协会充分利用行业力量，在遵循数据合法合规要求的前提下，通过线下方式与第三方机构进行数据共享，完成系统上移动金融App的风险监测工作。

根据移动金融App风险监测结果结果显示（图专1-3），主要集中在身份认证、风险控制安全、客户端安全和数据安全四个方面。其中，身份认证风险居于首位，占比达到38%。

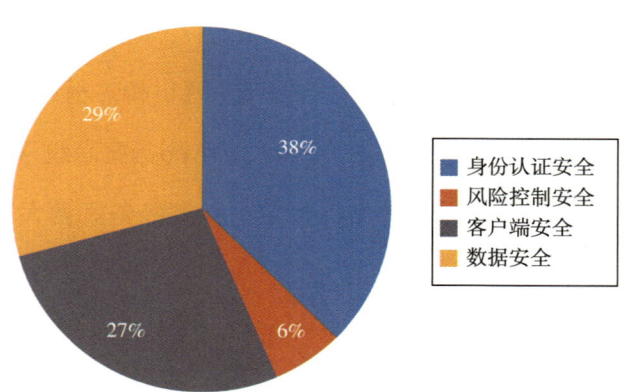

图专1-3　移动金融App的风险监测结果分布情况

（数据来源：中国互联网金融协会）

同时，协会对移动金融App风险监测项目进行统计（图专1-4），排名前四位的风险项目分别是防截屏、运行环境检测、密码复杂度校验和短信验证码安全风险，金融机构普遍在防截屏方面重视不够。

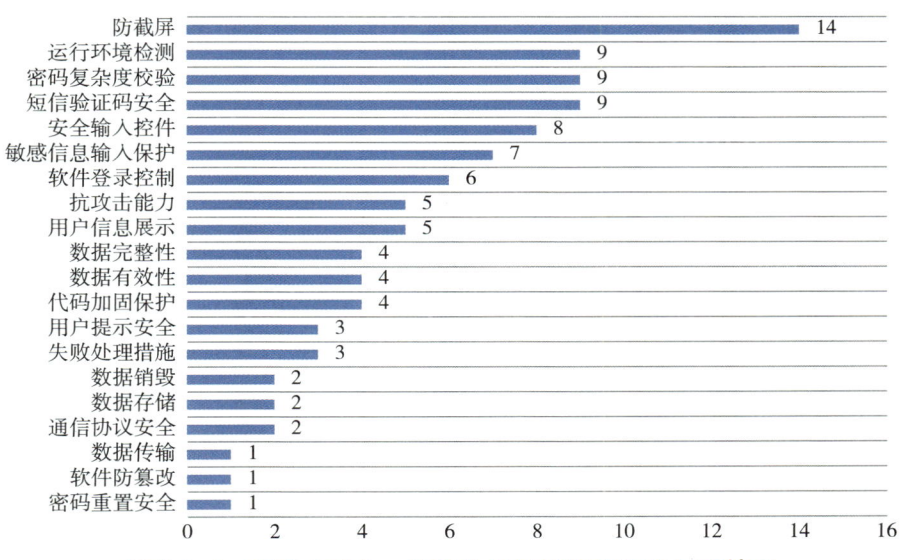

图专1-4 移动金融App的部分常规检测项风险问题情况

(数据来源：中国互联网金融协会)

需要特别指出的是，金融机构因开展的具体业务类型不同，所运营的移动金融App在安全保护方面的需求存在较大差异。以上基于统一标准的风险监测结果，仅表明移动金融App在技术方面可能存在风险，对各类金融机构展业的影响需根据实际业务进行评估。协会在App备案的后续工作中，将探索针对不同类型机构的移动金融App，开展差异化的风险监测。

（五）分层推广

协会负责全国性金融机构的备案工作，并配合中国人民银行各分支机构完成其辖内持牌金融机构的App备案工作。计划分批次在各省市地区展开移动金融App备案的推广工作，从标准宣贯、移动客户端开发、检测和认证、客户端风险、软件加固、个人信息保护等多个方面积极组织培训和宣介活动。

三、金融科技支撑

（一）微服务架构

协会在建设移动金融App备案管理系统时，采用了基于Spring Cloud的微服务架构（图专1-5）。机构管理、实名备案、统计报表等App备案的核心业务功能，以及后台用户管理、文件上传下载等通用辅助功能，都作为单独的服务进行开发和部署，并与Spring

Cloud的服务治理中心Eureka、网关服务Zuul等组件相互配合，共同构成一套完整的微服务架构体系。

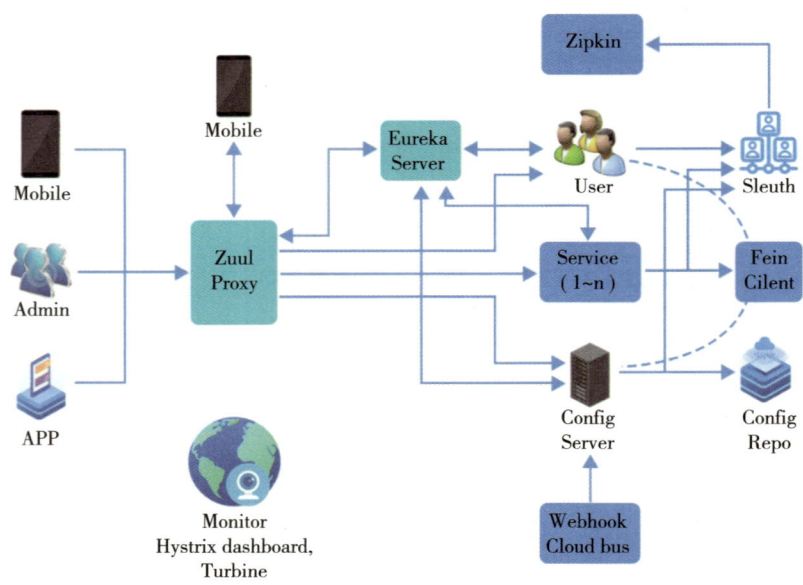

图专1-5　Spring Cloud组件架构

服务治理中心Eureka负责核心业务功能等服务的注册与发现，通过心跳机制发现宕机的微服务实例，并及时从服务注册列表中移除，保证系统整体的鲁棒性。Eureka自身则通过相互注册的方式，确保系统整个服务治理功能的高可用性。网关服务Zuul将自身注册到Eureka获取系统内部所有的实例信息，通过API网关的方式向外部提供访问各服务接口，并为服务访问提供前置过滤、智能路由、后置过滤和错误处理等功能。

在这些组件的配合下，协会循序渐进完成移动金融App备案系统各功能模块的上线，并根据备案工作的开展进度，合理地分配调整网络、服务器等资源。比如在移动金融App备案工作的初期，机构管理、实名备案服务可部署多个实例，以满足该阶段大量持牌金融机构的注册和备案需求。当备案工作进入常态化运营阶段后，将逐步关停部分机构管理和实名备案服务，将资源向风险共享、投诉处置等功能模块倾斜，以符合此阶段实际业务特点。

（二）区块链技术

协会将在相关技术支持下，开发建设了自主可控、面向监管的区块链子系统，旨在加强移动金融App备案工作的管理，建立透明可信的备案工作"档案"，实现穿透式监管。

移动金融App备案的联盟链，采用了基于跨链技术的"计算链+监管链"的双层设计架构（图专1-6），将合约计算与共识解耦，仅在监管链节点间进行共识，避免了全节点共识造成资源浪费。通过可信执行环境的远程证明简化计算链节点的验证过程，交易不需要重新计算以验证结果的真实性和正确性，提高了整个联盟链的计算效率。整个联盟链系统在逻辑上可分为"网络层、监管层、计算层、应用层"四个层次。

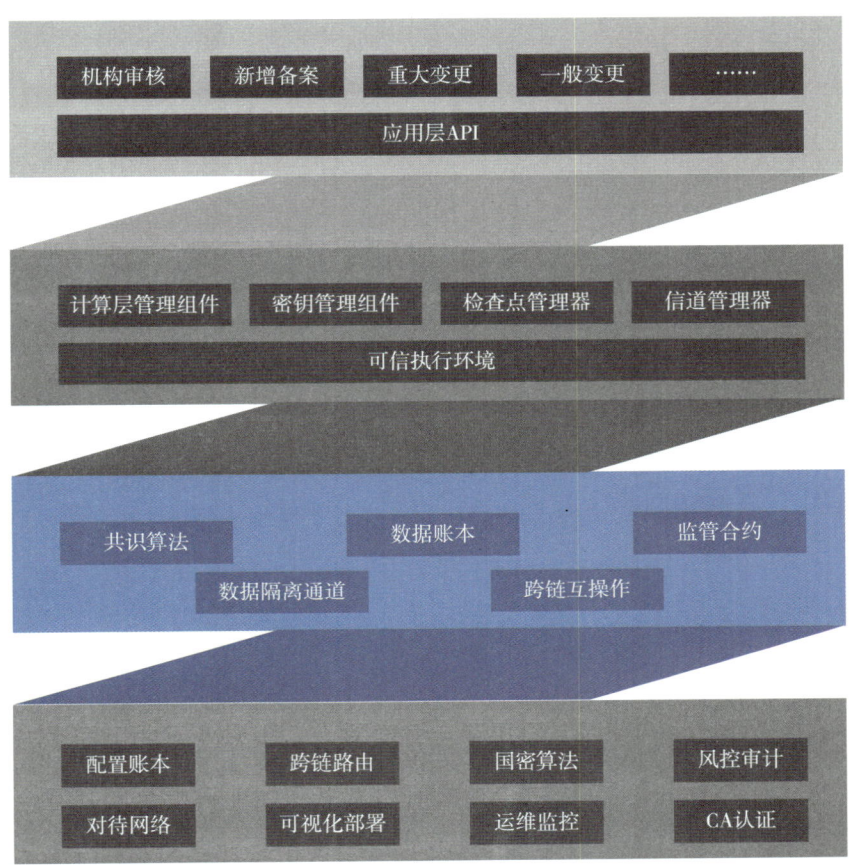

图专1-6　移动金融App备案系统联盟链逻辑架构

其中，网络层提供的网络通信及身份管理服务具备高度可用性，全面支持国密算法。监管层支持可插拔的共识机制，提供互操作的跨链通信服务。计算层提供隐私优先的可信计算环境，支持数据加密与访问控制。应用层与微服务架构无缝对接，实现了移动金融App备案全流程、全生命周期数据的可信存证（图专1-7），做到了机构审核、新增备案、重大变更、一般变更等各个业务环节的防止篡改、事中留痕、事后审计和安全防护。

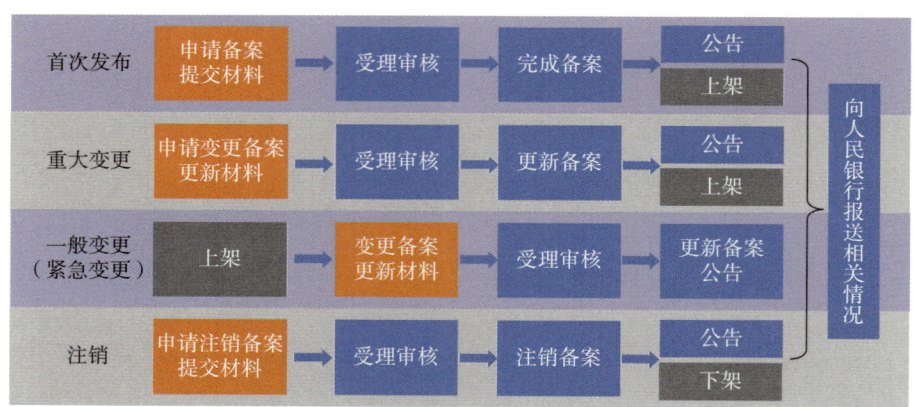

图专1-7 应用区块链的移动金融App备案流程

（三）金融科技产品认证

移动金融App的备案工作，离不开具有公信力的第三方机构对App身份认证、安全输入、信息展示、逻辑安全、权限控制、接口安全、数据安全等进行全方位的检测与评估，以达到安全要求。在试点阶段，协会对备案App提出了严格要求，采信国家市场监督管理总局和中国人民银行于2019年10月发布的《金融科技产品认证目录（第一批）》和《金融科技产品认证规则》，作为移动金融App的有效外部评估方式之一。

四、未来工作展望

移动金融App的备案管理是一项长期工作，协会在2020年将继续建设完善统计报表、风险共享、投诉处置和自律管理等功能模块，并从以下几方面着手，完善移动金融App备案工作整体布局，建立健全移动金融App行业自律管理长效机制。

（一）加强科技应用

加强区块链技术在移动金融App备案管理系统各功能模块和业务流程的应用，在建设完善风险共享、投诉处置等功能模块时利用区块技术的特点和优势，实现风险监测数据的加密共享，促进投诉处置信息的公正公开。

积极研究基于OCR技术的区块链智能合约，并计划将金融机构的注册信息审核和App备案信息审核等可量化的业务流程编码成区块链上自动执行的智能合约，避免人工审核过程出错，解决审核人审核标准理解不一致等问题。

（二）研究团体标准

研究制定覆盖全面、实操性强的移动金融App检测认证相关团体标准。标准将以《移动金融客户端应用软件安全管理规范》（JR/T 0092—2019）为基础，参考并覆盖中国人民银行发布的相关金融行业标准和国家互联网信息办公室、工业和信息化部、公安部、国家市场监督管理总局发布的《App违法违规收集使用个人信息自评估指南》《App违法违规收集使用个人信息行为认定方法》等相关办法。

制定移动金融App检测认证相关团体标准，并将标准作为App备案的重要外部评估参考依据。通过不断完善和提高团体标准的要求，能有效提升移动金融App整体安全水平，贯彻落实个人信息保护要求。

（三）完善自律管理

研究制定《移动金融客户端应用软件备案管理自律公约》，建设移动金融App备案系统的自律管理功能模块。充分利用区块链技术，建立透明、公开、可信的黑名单管理、自律检查、违规约束等移动金融App行业自律管理长效机制，提升移动金融App整体安全水平，落实个人信息保护相关要求。

专题2　2019年网上银行服务企业标准"领跑者"评估

标准是经济发展和社会进步的重要支撑，也是国家治理体系和治理能力现代化的重要基础性制度。企业标准作为标准体系的重要组成部分，其自我声明公开和监督制度在2017年新修订的《标准化法》中以国家法律的形式正式确立。在此基础上，市场监督管理总局等八部门联合印发《关于实施企业标准"领跑者"制度的意见》，旨在通过高水平标准引领，增加中高端产品和服务有效供给，支撑高质量发展。中国互联网金融协会（以下简称协会）作为2019年网上银行服务企业标准"领跑者"评估机构，以此次活动为契机，积极推进银行业金融机构制定网上银行服务企业标准并实现自我声明公开。

第一节　网上银行服务企业标准"领跑者"的意义

一、开展网上银行服务企业标准"领跑者"活动是坚持银行业初心使命的有力举措

习近平总书记在2019年2月中央政治局第十三次集体学习[1]时强调，深化金融供给侧结构性改革必须贯彻落实新发展理念，强化金融服务功能，找准金融服务重点，以服务实体经济、服务人民生活为本。银行业是金融服务实体经济和人民生活的主力军，网上银行是银行业服务群众的主要渠道之一。网上银行服务质量直接影响广大人民群众和企

---

[1] 原文名称：习近平主持中共中央政治局第十三次集体学习并讲话　讲话时间：2019年2月22日，网址：http://www.gov.cn/xinwen/2019-02/23/content_5367953.htm

业主体对银行服务的满意度和获得感评价。此次中国人民银行和国家市场监督管理总局共同启动涵盖网上银行服务的金融领域企业标准"领跑者"活动,旨在服务实体经济和人民生活,以企业标准评估为切入点,从标准看服务,用标准评质量,比标准找差距,以标准促领跑,力求在各银行业金融机构中形成"网银服务争领跑、学领跑"的良好氛围,在广大金融消费者群体中营造"网银消费看领跑、选领跑"的浓厚氛围。

二、开展网上银行服务企业标准"领跑者"活动是贯彻落实新《标准化法》[①]有关企业标准制度规定的重要内容

2017年新修订的《标准化法》规定,国家实行团体标准、企业标准自我声明公开和监督制度。企业应当公开其执行的强制性标准、推荐性标准、团体标准或者企业标准的编号和名称;企业执行自行制定的企业标准的,还应当公开产品、服务的功能指标和产品的性能指标。国家鼓励团体标准、企业标准通过标准信息公共服务平台向社会公开。企业应当按照标准组织生产经营活动,其生产的产品、提供的服务应当符合企业公开标准的技术要求。网上银行服务企业标准自我声明公开和标准评估,能够促进商业银行贯彻执行已发布的企业标准,进一步树立标准化意识,增强其以标准引领服务质量提升的主动性。在此基础上,还可进一步制定完善网上银行服务有关团体标准、行业标准及国家标准,丰富完善网上银行服务标准体系。

三、开展网上银行服务企业标准"领跑者"活动是促进银行业数字化转型、提升银行业综合竞争力的有益尝试

当今世界新一轮科技革命和产业变革深入发展,经济社会数字化进入快车道,现代金融体系呈现出"无科技、不金融"的重要特征,推进数字化转型已成为各国银行业提升服务水平和竞争能力的共同选择。银行业金融机构通过制定先进的企业标准并贯彻执行,能够促进网上银行服务用户体验的改善,提高网上银行系统的安全性,提升银行整体服务的规范性。网上银行企业标准"领跑者"活动按照"好中选优、优中选强"的

[①]《中华人民共和国标准化法》。

思路，通过排行榜和"领跑者"名单等方式遴选出一批先进银行业金融机构作为标杆榜样，为其他机构网上银行服务质量提升提供参考示范，指明改进方向，从而推动银行业数字化转型，促进行业整体服务质量和竞争力的提高。

第二节 网上银行服务企业标准"领跑者"评估实施

一、总体思路与目标

深入贯彻以人民为中心的发展思想，认真落实中国人民银行和国家市场监督管理总局关于企业标准"领跑者"活动的总体要求和工作部署，结合协会"服务监管、服务行业、服务社会"的职责定位，结合银行业数字化转型的工作重点，组织开展网上银行服务企业标准"领跑者"评估工作，最终形成一批具有国际领先水平和市场竞争力的网上银行服务"领跑者"标准，提升银行类金融机构的竞争力，实现网上银行服务水平整体跃升，增强银行业服务实体经济和人民生活的能力，充分显现"领跑者"效应。

二、网上银行服务企业标准"领跑者"评估实施过程

协会高度重视此次企业标准"领跑者"活动，积极申请作为网上银行服务企业标准"领跑者"评估机构，扎实推进评估方案制订、活动宣贯等各项工作。

（一）认真组织评估方案编写，明确评估核心指标，提升评估科学性和合理性

协会按照"从行业中来，到行业中去"的工作思路，深入研究国家市场监督管理总局等八部门联合印发《关于实施企业标准"领跑者"制度的意见》（国市监标准〔2018〕84号）等制度文件，吃准吃透中国人民银行2019年度金融机具及金融服务企业标准"领跑者"活动启动会会议精神，充分组织和调动行业力量完成网上银行服务企业标准"领跑者"评估方案编制。该评估方案严格遵守企业标准"领跑者"制度要求，充分结合网上银行服务特点，按照"标准规范为基础、定性定量相结合、服务安全和客户体验为关键、前瞻创新和实施保障为补充"的原则设置标准规范性、服务安全性、客

户体验、创新及前瞻性和实施保障5项一级指标以及14项二级指标,确保评估指标科学合理。

(二)多轮核对标准文本材料,组织多方专家评审,确保评估工作严谨性和公正性

在评估过程中开展多轮标准文本核对工作,包括在评估启动阶段筛除一批已上传的非网上银行服务内容、非标准规范等不符合基本参评要求的企业标准文本,在评估进行阶段逐一整理标准文本中的核心指标,在评估结尾阶段核对"领跑者"入围机构的证明材料与标准文本的一致性等,通过严格审查附加材料等方式验证评估结果,使网上银行服务"领跑者"机构的企业标准指标符合实际情况,避免弄虚作假。同时,协会组织来自金融管理部门、代表性机构、高等院校、第三方咨询研究机构等单位的业务及技术专家参与评审评估,严格执行利益相关者回避制度,按照有关部门审核通过的评估方案对企业标准信息公共服务平台上自我声明公开的网上银行服务企业标准开展评估。

(三)加强宣传推广,开展培训和咨询工作,提高活动影响力和参与度

协会高度重视"领跑者"活动宣传,通过协会官方网站、微信公众号、会员系统以及各主流媒体积极开展网上银行服务企业标准"领跑者"主题宣传。举办专项工作培训会,邀请有关专家详细解读相关制度和评估方案。对北京、天津、广州、南京等地的银行业金融机构开展解读及宣讲培训工作。宣传推广工作取得良好效果,银行业金融机构积极响应并参与活动,截至2019年9月20日,企业标准信息公共服务平台上共有772家银行公开网上银行服务相关企业标准909项。2019年"领跑者"活动评选结束后,协会通过多载体、多渠道、多形式的宣传推广活动,加大网上银行服务"领跑者"的优秀机构和典型经验推广力度,引导金融消费者更多选择行业"领跑者"的网上银行服务,营造"生产服务看领跑、使用消费选领跑"的氛围。

三、网上银行服务企业标准"领跑者"评估结果

截至2019年9月20日,企业标准信息公共服务平台上共有772家银行公开网上银行服务相关企业标准909项,经评估形成2019年网上银行服务企业标准排行榜。排行榜采用"银行类别+星级"形式,对银行业金融机构公开的企业标准打分评价,按照综合得分排

名及一定比例划分5星、4星，261家机构进入榜单，其中5星机构116家，4星机构145家，再依据银行类别形成6个排行榜榜单。在排行榜基础上，综合考虑行业内发展水平、公开标准数量、消费者选择、网银系统独立性等因素，形成35家网上银行服务企业标准"领跑者"机构，在全部参与活动的银行业金融机构中占比4.53%。

第三节 "领跑者"分析

一、排行榜及"领跑者"机构分布

（一）网上银行服务企业标准排行榜机构分布情况

在116家网上银行服务企业标准5星机构中，包括国有大型商业银行4家、股份制商业银行9家、城市商业银行36家、民营银行7家、外资法人银行1家、独立法人直销银行1家、农村商业银行22家、农村合作银行1家、农村信用社4家、村镇银行31家。在145家网上银行服务企业标准4星机构中，包括城市商业银行31家、农村商业银行75家、农村合作银行2家、农村信用社2家、村镇银行35家。

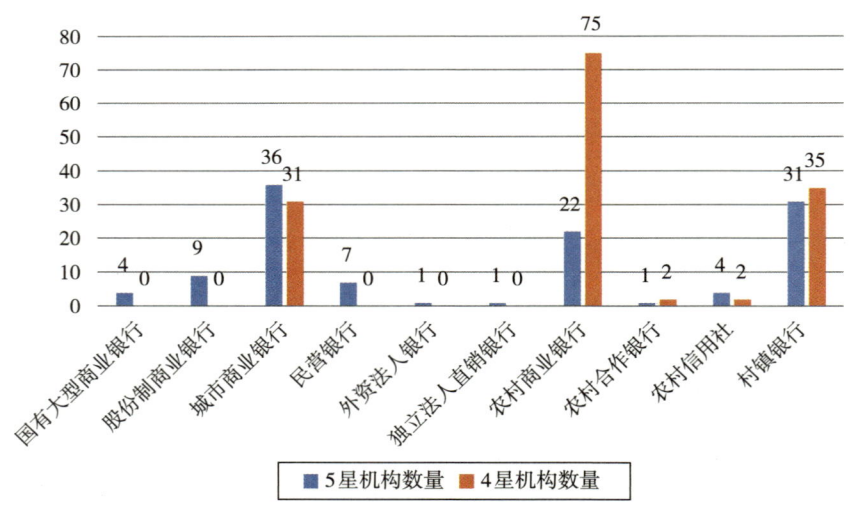

图专2-1　2019年网上银行服务企业标准排行榜机构分布

（数据来源：中国互联网金融协会）

（二）网上银行服务企业标准"领跑者"机构分布情况

35家"领跑者"机构中，包含国有大型商业银行4家、股份制商业银行8家、城市商业银行11家、民营银行5家、独立法人直销银行1家、农村商业银行4家、农村信用社2家。

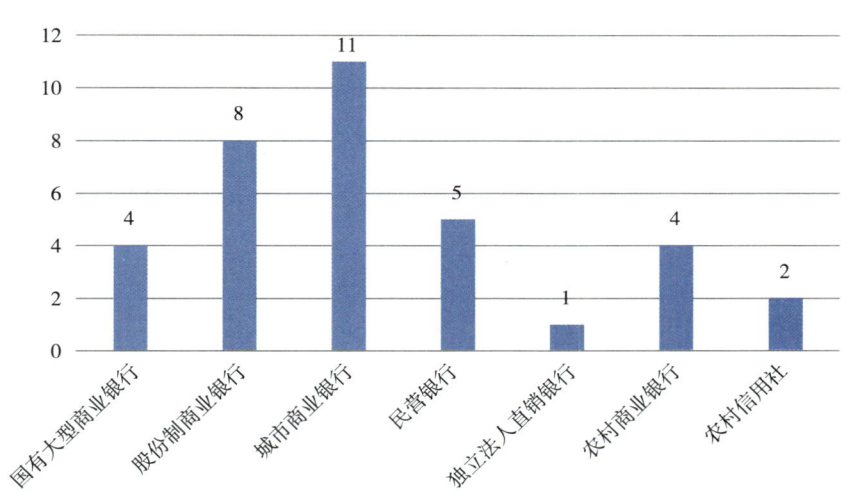

图专2-2　2019年网上银行服务企业标准"领跑者"机构分布

（数据来源：中国互联网金融协会）

二、"领跑者"机构标准水平分析

35家入围机构网上银行服务企业标准均为自主制定，多数入围机构企业标准的关键定量核心指标高于国家标准、行业标准、行业平均水平或满足行业通用惯例要求。以部分定量指标为例，25家机构网银系统可用率≥99.99%，23家机构数据丢失时间（RPO）为0秒，25家机构系统恢复时间（RTO）为30秒，33家机构的可用性覆盖率≥99%，22家机构的APP闪退率≤0.07%，22家机构的电话客服平均响应时间≤15秒，22家机构的线上客服平均响应时间≤10秒，均处于行业内较高水平。

三、"领跑者"入围机构服务能力分析

入围的35家机构中有16家是上市银行。经过对入围机构公开的2018年度报告、银保监会公布的《银行业金融机构资产负债情况表》、易观产业数据库发布的《中国网上银行市场季度监测报告2018年第4季度》等材料分析发现，在资产规模方面，35家机构中资

产规模在10万亿元以上有3家，1万亿~10万亿元有13家，2 000亿~1万亿元有12家；在利润方面，利润在千亿元以上机构有3家，百亿及千亿元之间的机构有10家，入围机构的银行服务具备行业领先的竞争力。

具体从网上银行服务来看，2018年第四季度，仅中国工商银行、中国建设银行、中国银行、交通银行4家国有大型商业银行及招商银行、中国民生银行、中信银行、光大银行4家股份制商业银行的网上银行市场占有率就达到75.7%，体现了上榜机构的网上银行服务竞争优势和盈利能力，符合预期。

标准是经济发展和社会进步的重要支撑，也是国家治理体系和治理能力现代化的重要基础性制度。在金标委的支持和指导下，本次网上银行服务企业标准"领跑者"活动评估方案科学合理，评估过程严谨公正，机构积极性强、参与度高，对于提升网上银行服务能力和水平，增强行业标准化意识，践行金融服务实体经济和人民生活的初心使命意义重大。

专题3 人工智能金融应用原则的国际经验与政策启示

随着"智能+"时代的到来，如何引导人工智能在经济社会领域的安全合规应用已成为国际社会面临的共同课题。近年来，部分经济体和国际组织积极制定人工智能应用的通用原则以及金融领域应用的专门原则，而目前我国金融领域尚未出台权威、适用的人工智能应用原则。中国互联网金融协会深入分析有关国际经验，探索符合我国国情的人工智能金融应用原则，并研究提出应用人工智能助力我国现代金融体系建设的政策建议。

一、人工智能在金融领域应用正加速深化

金融是国家重要的核心竞争力，人工智能是引领未来的战略性技术。促进人工智能与金融深度融合，是落实国家人工智能发展战略的关键举措，是推进现代金融体系建设的重要内容，具有重要的现实意义和经济社会价值。当前，我国金融领域在应用人工智能方面正处于加速深化阶段，主要呈现以下几个方面的特点：

一是政策环境持续优化。国务院《新一代人工智能发展规划》将金融列为人工智能应用试点示范和产业智能化升级的重点领域之一，并明确提出建立金融大数据系统、创新智能金融产品和服务、加强金融风险智能预警防控等措施。2019年8月，中国人民银行发布的《金融科技（FinTech）发展规划（2019—2021年）》明确要求，统筹优化数据资源、算法模型、算力支持等人工智能核心资产，稳妥推动人工智能技术与金融业务深度融合。上述文件为人工智能在金融领域应用提供了良好的政策环境，明确了工作方向。

二是关键技术日益成熟。现阶段，人工智能主要是面向具备较好数据基础的专用智能领域，移动互联网、大数据、云计算等基础支撑进一步夯实，机器学习、计算机视觉、自然语言处理、知识图谱、人机交互以及类脑智能、混合智能等关键技术和应用领域不断取得新进展。其中，机器学习、计算机视觉、智能语音、自然语言处理等在我国

金融领域应用相对较为成熟，在改进金融业务流程、优化金融投资决策、提升金融服务质效等方面取得了初步成效。

三是应用场景有序扩展。当前，人工智能在风险控制、客户服务、运维管理、客户营销、投资顾问等场景的应用较为广泛，并已取得较好的应用效果；在投资研究、量化交易、保险理赔等场景也已有小规模的应用探索。根据中国互联网金融协会对银行、证券、保险类上市金融机构2019年年报的统计分析，约有44%、41%、33%、31%、25%的机构披露了探索智能风控、智能客服、智能运维、智能营销、智能投顾相关信息，约有7%、3%、2%的机构披露了探索智能投研、量化交易、保险理赔相关信息。其中，上市银行更为积极，近九成上市银行披露了人工智能应用探索或相关计划信息，披露探索智能风控、智能客服相关信息的上市银行占比分别约为75%、64%，披露探索智能营销、智能运维相关信息的上市银行占比均超五成。

四是多重挑战有待破解。总体来看，人工智能在我国金融领域已取得一定应用成效，但人工智能技术本身仍处于不断发展演进过程中，其在金融领域更大规模的应用落地客观上还面临数据、成本、安全、人才等各种显性和隐性障碍，而且由于存在技术黑箱、算法共振、算法歧视、数据高依赖度等情况，其在金融领域不当应用可能引发责任边界模糊、市场羊群效应、数字金融排斥、个人隐私泄露等风险挑战，必须高度重视，采取针对性举措加以妥善解决。

二、人工智能应用原则的国际代表性实践

近年来，美、英、欧、日等主要经济体以及经济合作与发展组织（OECD）、二十国集团（G20）等国际组织密集出台原则指引，为人工智能应用树立基本导向和伦理框架。此外，新加坡、荷兰、中国香港等国家和地区金融管理部门还针对人工智能金融应用出台了专门原则。2019年，我国国家新一代人工智能治理专业委员会发布《新一代人工智能治理原则——发展负责任的人工智能》，提出和谐友好、公平公正、包容共享、尊重隐私、安全可控、共担责任、开放协作、敏捷治理8条原则。

（一）人工智能通用原则的国际代表性实践

从国际经验看，目前国际社会在人工智能应用原则方面已初步形成伦理道德、技

术安全等方面的基本共识。一是应符合人类社会价值观与伦理道德，不破坏既有社会体系、结构与制度。二是应能够解释有关系统输出和决策逻辑，使外界充分理解人工智能系统并修正错误决策。三是应用主体能够对人工智能系统决策承担责任，系统运行过程及结果可被追溯并接受持续监察。四是人工智能系统使用的数据具备准确性、完整性、适时性及一致性等特点。

美国政府在2019年对《国家人工智能研究和发展战略计划》的最新修订中提出，要建立健康且值得信赖的人工智能系统，包括改进公平性、透明度和设计责任机制，增强可验证性，确保系统免受攻击并能长期优化等。

英国政府在2019年发布人工智能的"快速追踪原则"（Fast Track Principles），提出公平性、可问责性、可持续发展、透明性等原则。英国上议院在2018年提出，要把道德伦理置于核心地位，确保人工智能更好造福人类。

日本政府在2018年发布《以人类为中心的人工智能社会原则》，提出以人为本、教育应用、保护隐私、保障安全、公平竞争、公平责任与透明、创新7个原则，以缓解人工智能带来的社会不平等、社会排斥等影响。

欧盟委员会在2019年发布《可信人工智能道德准则》，要求应用人工智能时应尊重人类自治原则，预防对人类产生伤害，人工智能系统的开发、部署和使用必须公平，且该系统必须具备可解释性。

经济合作与发展组织在2019年面向各成员国发布《人工智能原则》。该原则同时被二十国集团作为《G20人工智能原则倡议》提出，强调包容和可持续增长、以人为本等理念，并提出透明性、鲁棒性、安全性、可问责等要求。

电气和电子工程师协会（IEEE）作为国际性技术学会在2018年发布《全球自动化与智能系统伦理倡议》，强调应用人工智能时要把保障人权、造福人类与自然环境放在商业目的之前，同时要降低滥用、不透明、不负责等风险。

（二）人工智能金融应用原则的国际代表性实践

从国际经验看，相较于通用原则，人工智能在金融领域应用的原则更注重安全可控、可问责、可解释，更强调金融数据获取、处理与隐私保护方面的合规性，同时注重结合金融业务特点，对上述领域的要求更加细致落地。

新加坡金融管理局在2018年面向金融机构以及利益相关方发布人工智能应用系列原则（即FEAT原则）。公平（Fairness）指除非能证明智能系统决策合理，否则不能使个人处于不利地位，须定期审查智能驱动决策所使用的数据模型的准确性和相关性，最大程度减少意外偏差。道德伦理（Ethics）指智能驱动决策至少要遵循与人类驱动决策相同的道德标准。可问责（Accountability）指构建内外部问责机制，提供用户异议申诉渠道。透明（Transparency）指主动披露人工智能决策因素及后果。

荷兰中央银行在2019年发布《在金融领域使用人工智能的一般原则（征求意见稿）》（即SAFEST原则）。健全（Soundness）要求人工智能系统可靠且准确，行为可预测并在适用规则范围内运行。可问责（Accountability）要求当人工智能对利益相关方造成损害时由金融机构承担责任。公平（Fairness）要求人工智能应用不会无意中使某些客户群体处于不利地位。道德伦理（Ethics）要求从业机构确保其客户以及其他相关者不会因人工智能而受到伤害。技能（Skills）要求从基层员工到董事会充分了解人工智能的优势和局限性。透明（Transparency）要求金融机构能够解释业务流程中人工智能运行与决策的逻辑。

中国香港金融管理局在2019年向银行机构发布人工智能应用指引。管治方面，要求银行董事局及高级管理层须为智能应用结果负责，并确保开发人员具备所需专业能力及经验。开发方面，智能应用程序对所有相关方都是可解释的，应制定有效数据管治框架，严格测试人工智能模型，确保准确合适才投入使用。维护方面，应用程序使用结果应接受持续监察，对第三方供应商实施有效管理，确保公正并充分披露，制定风险缓减措施及应变计划。

三、人工智能在我国金融领域应用应坚持的基本原则

综上，人工智能在我国金融领域应用机遇与挑战并存，且主要经济体和部分国际组织纷纷出台相关原则，力争抢占人工智能产业和国际治理的制高点。因此，有必要加强前瞻研究和规范引导，最大程度实现扬长避短、趋利避害。参考美国、英国、欧盟等国家和地区以及经济合作与发展组织（OECD）、二十国集团（G20）等国际组织发布的人工智能原则指引，特别是新加坡金融管理局和中国香港金融管理局针对金融领域应用人工智

能发布的专项原则，在我国国家新一代人工智能治理专业委员会《新一代人工智能治理原则——发展负责任的人工智能》的总体框架下，按照健全具有高度适应性、竞争力、普惠性的现代金融体系的要求，研究提出人工智能在金融领域应用应坚持的基本原则：

依法合规。严格遵守与人工智能金融应用相关的信息技术、网络安全、数据治理、隐私保护、业务监管等领域法律规范，坚守智能金融合规底线和行为红线。持续开展人工智能应用与发展的共性法律问题研究，推动建立符合我国国情的多层次智能金融法治体系。积极采用人工智能相关国家标准、金融行业标准和团体标准，鼓励执行严于国家标准和金融行业标准的企业标准。

以人为本。以维护金融消费者合法权益、增进金融消费者共同利益为应用导向，尊重社会共同价值观，开发"有温度的"智能金融产品。坚持守正创新、科技向善，制定实施科学合理的信息披露制度、隐私安全政策、风险缓释措施以及应急处置安排，在数据获取、算法设计、产品研发和应用过程中消除偏见和歧视，禁止人工智能滥用、恶用，避免误用。

安全可控。加强人工智能研发者、使用者及其他相关方的能力建设和行为规范建设，确保相关人员具备所需的专业能力和经验知识。加强理论研究、模型测试、安全评估和审计体系建设，不断提升智能金融系统透明性、可靠性、可控性，逐步实现可追溯、可信赖、可审计。按照分级分类管理思路，结合具体场景确定相应级别的算法模型可解释程度，不应以技术黑箱等作为可解释性不足的理由。做好技术供应商尽职调查、风险隔离和退出管理，不断提升自身技术和运维能力，避免对单一供应商过度依赖。

权责清晰。从业机构董事会及高级管理层应为本机构应用人工智能所产生的结果负责，主动建立完善清晰、透明、公开的权责清单，建立覆盖应用全流程的问责机制。坚持负责任金融理念，切实维护金融消费者知情权、自主选择权、公平交易权、信息安全权等权利。与合作机构、技术供应商等审慎签订合同协议，明确风险承担、服务安排、数据管理、投诉处置等方面的责任边界。

四、应用人工智能助力我国现代金融体系建设的政策建议

促进人工智能与金融深度融合，助力现代金融体系建设，是一项涉及面较广的系统

工程，需要凝聚各方力量共同研究、系统设计、稳步推进。结合人工智能在金融领域的应用现状和基本原则，提出以下几个方面的政策建议：

一是切实加强风险监管。坚持穿透式监管和一致性监管原则，以人工智能在金融领域应用的外溢风险为导向，精准识别人工智能应用带来的传统金融风险新变化以及新的风险，研究制定智能投顾、智能风控、智能量化交易等智能金融业务规则，加强信息披露、算法报备、留痕管理、安全认证等方面的技术监管，推进金融领域人工智能算法设计、产品开发和成果应用的全流程监管体系建设，实现监管无死角、风险全覆盖。同时，探索运用机器学习、知识图谱等人工智能技术，不断提升监管部门自身的金融风险态势感知能力和监管科技应用水平。

二是有效夯实基础支撑。加快完善人工智能在金融领域应用的基础法律制度，切实解决隐私保护、数据安全、算法模型、责任主体认定等方面的全球共性难题。统筹政府和市场多渠道资金投入，优先支持前沿基础理论研究、关键共性技术攻关、共享资源库建设、传统基础设施智能升级等重点领域。在切实保障个人隐私、商业秘密和敏感数据前提下，依法推动金融领域跨层级跨部门数据开放共享，探索运用区块链、可信执行环境、多方安全计算、联邦学习等技术手段，加强金融数据资源有效整合和安全融合，为金融业应用人工智能提供高质量的基础数据。以金融科技应用试点为载体，推动金融机构、科研院所和科技公司建立产学研用联动机制，提升智能金融产业链整体竞争力。坚持培养与引进相结合，建立完善人工智能学科体系和人才培养认证体系，加强金融系统人工智能人才储备和梯队建设，形成一批智能金融领域的领军型专家、复合型人才和创新型团队。

三是持续完善标准规范。充分发挥标准的基础性、战略性、引领性作用，在国家人工智能标准体系和金融行业人工智能应用标准体系的总体框架下，充分发挥行业协会团体标准先行先试作用，以增强技术应用的安全性、可用性、合规性和互操作性为重点，逐步建立健全智能金融领域基础共性、互联互通、网络安全、隐私保护、行业应用等方面的标准规范，并通过标准自我公开声明、检测认证、安全等级评估等手段推动标准落地实施。持续推进金融业人工智能应用标准的国际化，积极参与相关国际标准制定，支持国内优秀标准转化为国际标准，推动人工智能技术标准和相关金融标准"走出去"，为国际标准制定贡献更多的中国方案和经验。

四是做好金融消费者保护。加快完善金融消费者保护相关法律制度和工作机制，提高举报、投诉、仲裁等渠道的便捷性和可获得性。依托信息披露、风险提示等手段，增强人工智能技术应用和金融服务全流程的透明度。引导和督促从业机构将消费者保护要求纳入公司治理、企业文化建设和经营发展战略，研究设计适应不同消费者操作习惯和能力素养的智能金融产品。积极开展金融知识普及教育、人工智能科普推广等活动，持续提升全社会金融素养和数字能力。同时，严厉打击以"智能金融"为名侵犯金融消费者权益的违法违规行为，营造良好的市场秩序和金融生态环境。

专题4 互联网金融反洗钱工作持续深入推进

一、反洗钱自律管理机制

2018年10月10日，中国人民银行、中国银行保险监督管理委员会、中国证券监督管理委员会联合发布《互联网金融从业机构反洗钱和反恐怖融资管理办法（试行）》（银发〔2018〕230号，以下简称《办法》）。该办法自2019年1月1日起施行。根据《办法》的规定，中国互联网金融协会（以下简称协会）按照中国人民银行、国务院有关金融监督管理机构关于从业机构履行反洗钱和反恐怖融资义务的规定，协调其他行业自律组织，制定并发布各类从业机构执行本办法所适用的行业规则；配合中国人民银行及其分支机构开展线上和线下反洗钱相关工作，开展洗钱和恐怖融资风险评估，发布风险评估报告和风险提示信息；组织推动各类从业机构制定并实施反洗钱和反恐怖融资方面的自律公约。其他行业自律组织按照中国人民银行、国务院有关金融监督管理机构的规定对从业机构提出建立健全反洗钱内控制度的要求，配合协会推动从业机构之间的业务交流和信息共享。

二、反洗钱基础设施

《办法》第五条规定，中国人民银行设立互联网金融反洗钱和反恐怖融资网络监测平台（以下简称网络监测平台），使用网络监测平台完善线上反洗钱监管机制、加强信息共享。协会按照中国人民银行和国务院有关金融监督管理机构的要求，建设、运行和维护网络监测平台，确保网络监测平台及相关信息、数据和资料的安全、保密、完整。中国人民银行分支机构、中国反洗钱监测分析中心在职责范围内使用网络监测平台。

为切实履行反洗钱职责，建立健全互联网金融行业反洗钱基础设施，提高行业反洗钱工作信息化水平，提升反洗钱工作效能，协会经过认真研究，制订出网络监测平台建设方案。

网络监测平台建设的总体目标是为中国人民银行监管和监测分析、协会自律管理等相关工作提供数据采集、信息统计、自律查询、风险预警、决策支撑、协调沟通等技术支撑，实现反洗钱工作的数字化和智能化，实现互联网金融行业反洗钱风险监测全覆盖。

网络监测平台将分三期开发建设。其中一期建设的目标是为从业机构（包括金融机构、非银行支付机构和其他依法从事互联网金融业务的机构）开展反洗钱履职登记提供平台，实现中国人民银行及其分支机构、协会与从业机构的反洗钱工作连接。反洗钱履职登记是一期系统的核心功能，中国人民银行及其分支机构将据此全面掌握各类从业机构的基本信息、反洗钱合规管理基本框架、反洗钱合规管理部门和人员基本信息等情况，为其开展互联网金融行业反洗钱监管提供支持。二期建设的主要目标是按照中国人民银行的部署和中国反洗钱监测分析中心发布的要求，组织和协助金融机构和非银行支付机构以外的其他从业机构实现向中国反洗钱监测分析中心报送大额和可疑交易报告数据。三期主要是提供协助中国人民银行及其分支机构开展风险评估、非现场监管等线上反洗钱监管工作所需的技术信息设施，配合提升反洗钱监管工作的数字化和信息化程度。二期、三期建设将根据反洗钱监管工作要求适时启动和完成。

网络监测平台一期建设任务已于2019年完成。其中的核心功能——反洗钱履职登记功能已于2019年1月11日上线试运行，可实现从业机构通过网络监测平台向中国人民银行进行反洗钱履职登记。

2019年1月11日，协会发布了《关于互联网金融从业机构接入互联网金融反洗钱和反恐怖融资网络监测平台的公告》，明确了金融机构和非银行支付机构应根据反洗钱工作需要接入网络监测平台，其他从业机构应当通过网络监测平台向中国人民银行进行反洗钱履职登记，并提供了有关网络监测平台接入的流程和操作指引。具体如下：

1.依法从事网络借贷、互联网非公开股权融资、互联网基金销售、互联网保险、互联网信托和互联网消费金融的机构，应在2019年1月31日前，按照《办法》的规定，通过网络监测平台向中国人民银行进行反洗钱和反恐怖融资履职登记。

2.从事互联网金融业务的金融机构和非银行支付机构，按照《办法》的规定，可根据反洗钱工作需要登录网络监测平台进行注册后，接入平台并参与基于该平台的工作信息交流、技术设施共享等工作。

3.协会会员单位或其实际经营互联网金融业务的子公司应按照《办法》《中国互联网金融协会章程》的规定开展反洗钱自律管理，及时接入网络监测平台。

目前网络监测平台暂只开放从业机构总部的接入，从业机构分支机构可待中国人民银行分支机构或者从业机构总部为其创建用户后接入。

网络监测平台一期建设第一阶段实现履职登记功能，自2019年1月11日上线试运行情况良好，从业机构以反洗钱履职登记等方式顺利接入平台。截至2019年12月31日，已有544家从业机构登录监测平台进行了注册申请，其中有295家从业机构已完成了全部接入流程，正按照中国人民银行部署逐步将各级人民银行反洗钱部门接入平台。

三、反洗钱规则建设

互联网金融是新生事物和新兴业态，具有不同于其他金融业态的新特点，其所涉及的洗钱、恐怖融资风险同样具有新特征。相应地，从业机构应采用更有针对性的反洗钱方法和工具，需要更有针对性、指向性和专业性的制度安排。现有反洗钱规定在互联网金融领域的指向性和针对性不足，且互联网金融业务及其相关联的洗钱、恐怖融资风险都变化很快，应相应建立更合适行业特性的反洗钱规则体系。

（一）内控指引

为组织从业机构落实中国人民银行反洗钱局印发的《法人金融机构洗钱和恐怖融资风险管理指引（试行）》（银反洗发〔2018〕19号）等规定，协助从业机构加强反洗钱和反恐怖融资风险管理及内控机制建设，协会结合《法人金融机构洗钱和恐怖融资风险管理指引（试行）》等制度规定，于2019年6月24日正式发布了《互联网金融从业机构反洗钱和反恐怖融资风险管理及内控框架指引手册》（以下简称《内控手册》），为从业机构启动反洗钱工作、建立反洗钱内控机制提供借鉴参照。

《内控手册》严格遵循了中国人民银行确定的以风险为本的反洗钱方法和相关工作要求，归纳总结了境内外从业机构反洗钱实践，并结合互联网金融及反洗钱工作的最新发展，提供了一个可为广大从业机构开展反洗钱风险管理体系和内控机制建设借鉴参考的框架性文件。

《内控手册》共64条十三章，重点从风险评估、客户风险分类、业务类型、内控要求等方面对反洗钱和反恐怖融资进行合规管理，相关内容或直接来源于中国人民银行等反洗钱职能部门已发布的金融反洗钱监管制度政策、监管评价标准，或归纳总结了从业机构按照反洗钱监管要求开展反洗钱工作的一些实践经验，并予以系统化、流程化，提供具体的操作指引，为从业机构建立健全反洗钱工作机制提供制度模板，引导从业机构开展反洗钱制度建设。

另外，《内控手册》探索性地就健全事业部制下从业机构风控合规机制安排、建立应对跨境反洗钱及金融制裁的新合规工具、确定监管政策未覆盖的新业态新业务的反洗钱策略等行业新问题作出政策指引。

《内控手册》是协会履行服务行业职责的一次有益的探索与尝试，受到了广大从业机构的欢迎和肯定。下一步，协会将按照监管政策要求，结合最新反洗钱工作实际，根据市场变动、风险变化等对《内控手册》进行动态调整和逐步完善。待条件成熟后，协会将联合其他相关行业协会，研究将《内控手册》上升为互联网金融反洗钱工作的行业规则，持续推进互联网金融反洗钱和反恐怖融资工作。

（二）行业规则研究制定

《办法》要求协会按照中国人民银行、国务院有关金融监督管理机构关于从业机构履行反洗钱和反恐怖融资义务的规定，协调其他行业自律组织，制定并发布各类从业机构执行办法所适用的行业规则。为探索适合互联网金融从业机构的反洗钱工作模式，研究制定适合互联网金融行业的反洗钱规则，协会与人民银行重庆营管部等机构深度合作，选取浙江蚂蚁小微金融服务集团和京东数字科技控股有限公司旗下的网络小额贷款（以下简称网络小贷）公司、北银消费金融有限公司等机构开展细分行业反洗钱工作试点。

2019年，协会重点推进了网络小贷业务反洗钱试点工作。按照《金融行动特别工作组（FATF）40项建议》中建议1的要求，对于金融机构和特定非金融行业与职业，为采取有效措施降低洗钱风险，各国应先识别、评估和了解洗钱风险。同时《办法》要求协会配合中国人民银行及其分支机构开展洗钱和恐怖融资风险评估工作。为更好地研究制定网络小贷业务反洗钱规则，协会同人民银行重庆营管部结合试点工作开展了行业洗钱风险评估。风险评估结果为起草中的《网络小额贷款从业机构反洗钱和反恐怖融资工作指引》提供了坚实基础。

四、网络小额贷款业务洗钱风险评估

（一）评估方法概述

与反洗钱金融行动特别工作组（FATF）、世界银行及相关监管部门所采用的主流洗钱风险评估模式相比，本次报告根据我国网络小贷业务内外部发展实际情况，在评估方法和工作机制上进行了一系列的创新尝试。

1. 确立三维分析框架

除遵循"剩余风险值=固有风险-控制措施有效性"的经典模式外，此次评估采用了三维分析方法。三维分析框架为"洗钱风险=结构性因子×剩余风险"。评估组将固有风险和控制措施同时置于相同的维度和平面进行观察、评价，强调脆弱性与其风险控制措施之间的对应性。再引入第三个维度的结构性因子，并由结构性因子与行业所面临的威胁和漏洞共同组成函数，全面考察对行业洗钱风险状况的影响。这种方法突破了在传统二维评估方法下固有风险和控制措施有效性并不直接关联、两者不具有匹配性的问题，也可以解决在传统二维评估方法下无法评估宏观或结构性因素的影响和制约的难题。

2. 引入PESTEL模型适用于结构性因子分析

传统的PESTEL分析模型从政治、经济、社会、技术、环境和法律等要素考察组织外部影响因素的思路，有助于对外部影响进行全面性分析解析。此次评估基于PESTEL分析模型原意的基础上，根据反洗钱工作实际情况，结合评估目的，组构了一个全新的评估框架，即从政治（监管）、经济、社会（文化）、技术（数据）、环境和法律等六大要素全面分析结构性因子对洗钱风险状况的影响，同时根据各要素的影响重要程度，有针对性地对不同要素赋予不同权重。

3. 运用层次分析法实现定性与定量相结合

为解决数据采集困难的现实问题，此次评估引入了层次分析法（Analytic Hierarchy Process，AHP），实现评估过程中定性分析与定量分析的有效结合，用一定的相对标度对人的主观判断客观量化，建立所有要素的层级，清楚呈现各层、各准则与各要素的关系，把专家意见和分析者的客观判断结果直接而有效地结合起来，以便对固有风险、控制措施、结构性因子等因素进行定量描述。

4.使用重点调查法提高评估科学性

基于兼顾评估对象全面性和数据科学性，此次评估在数据采集方面采用重点调查法，考虑评估对象规模、业务类型、地域分布等因素的覆盖率和数据获取的便利性，对具有代表性的机构进行了重点调查。同时组织了焦点调研（Focus Group），对具有公信度的行业专家进行了重点问题的访谈和调查，并最终汇总分析所有相关数据。

5.采用风险矩阵精确评估结果

考虑到各层次、因素间的联动性，评估组未采用简单相减的方法测算剩余风险（即剩余风险值=固有风险-控制措施有效性），而是引入风险矩阵测评剩余风险值。固有风险值依据量化结果分为低、较低、中、较高、高5个等级，控制措施有效性也按标准分为重大缺陷、不充分、一般、满意、强健5个等级，比照风险矩阵图的量表安排可以获得考虑了各因素关联性的更为精准的评估结果。

6.专家意见

因为缺乏必要的行业基础数据，评估过程大量依赖评估员个体经验。为减小误差，尽可能丰富评估组人员的成分，不仅有协会工作人员和人民银行重庆营管部的监管人员参加，还组织来自于网络小贷业务的会员单位的高管和专家、金融科技及风险管理行业专家、学术研究机构及专业咨询机构专家联合组成评估组，历时近6个月对网络小贷业务洗钱风险状况进行了全面评估。评估组采取全行业调查问卷、案例分析、访问权威数据库、从业机构和从业人员现场访谈、与中国人民银行和地方金融监管部门座谈、组织同业研讨会、专家咨询会等形式来收集信息、了解情况及征求意见。评估报告及初步结论通过会员单位征求意见、同业研讨、专家咨询等程序后，得出最终结论。由此可以充分整合各方资源，积极发挥各方优势，提高评估工作的效率，提升评估结果的科学性。

（二）评估报告及结论

评估报告分为四个章节，第一章主要介绍网络小贷业务基本情况，第二章从行业、客户、业务和地域四个维度逐项评估固有风险、控制措施及剩余风险，第三章从政治

（监管）、经济、社会（文化）、技术（数据）、环境和法律六个维度评估当前行业面临的反洗钱履职结构性因子，第四章阐述网络小贷业务洗钱风险评估工作的整体结论，并提出下一步行动计划。

报告指出，虽然网络小贷业务反洗钱监管工作尚处于早期阶段，行业整体风控体系的有效性和稳健性尚不足，反洗钱合规意识和风险防范意识有待进一步提升，但是《办法》已将网络小贷纳入反洗钱监管，同时由于网络小贷业务分散、单笔金额小、大部分业务具有场景依托等行业特点，网络小贷业务客户很难通过业务直接完成洗钱活动，网络小贷的固有风险相对较低，网络小贷还具有利用大数据等金融科技开展风控的优势。因此，本次对网络小贷业务洗钱风险的评估结论为中等风险。

2018年8月，协会曾按照监管部门的部署和要求，对网络小贷业务开展洗钱风险评估，并形成了首份行业洗钱风险评估报告。根据当时的评估结论，行业风险管理体系建设处于起步阶段，相关反洗钱监管制度还处于制定过程中，因此给予了中高风险的评级。在《办法》出台后，行业在中国人民银行及相关监管部门的指导下，协会组织从业机构积极开展反洗钱工作，行业的风险管理水平和有效性有了明显提升，风险评级相应下降。

（三）下一步工作计划

根据风险评估结果，拟进一步推进落实以下措施：继续推进网络小贷业务反洗钱试点工作，根据评估结果抓紧研究出台网络小贷业务反洗钱指引和相关自律管理规则，为从业机构开展反洗钱工作和提升行业反洗钱水平提供全方位指引。总结提炼评估方法，进一步探索从业机构可参考应用评估标准，制定适用于金融细分行业和从业机构的反洗钱风险评估指引或标准，并研究建立相关工作机制。

附录1　2019年中国互联网金融大事记

政策监管

1月10日，国家互联网信息办公室发布《区块链信息服务管理规定》。

3月30日，国家互联网信息办公室发布第一批197个区块链信息服务名称及备案编号。

6月9日，中国人民银行与泰国中央银行签署金融科技合作协议，旨在加强双方在金融科技领域的创新和联合研究、信息分享及监管合作。

7月9日，中国银行保险监督管理委员会办公厅发布《关于推动供应链金融服务实体经济的指导意见》（银保监办发〔2019〕155号文印发），鼓励银行业金融机构运用互联网、物联网、区块链、生物识别、人工智能等技术，与核心企业等合作搭建供应链金融服务平台，创新发展在线金融产品和服务。

8月8日，国务院办公厅印发《关于促进平台经济规范健康发展的指导意见》（国办发〔2019〕38号文印发），明确设立金融机构、从事金融活动、提供金融信息中介和交易撮合服务，必须依法接受准入管理。

8月20日，中国人民银行印发《金融科技（FinTech）发展规划（2019—2021年）》（银发〔2019〕209号文印发），明确提出未来三年金融科技工作的指导思想、基本原则、发展目标、重点任务和保障措施。

9月2日，互联网金融风险专项整治工作领导小组、网贷风险专项整治工作领导小组联合发布《关于加强P2P网贷领域征信体系建设的通知》，支持在营P2P网贷机构接入征信系统。

9月25日，网络借贷风险专项整治工作领导小组办公室与中国互联网金融协会联合发布《关于进一步加强网络借贷资金存管工作的通知》（网贷整治办函〔2019〕41号）。

10月10日，中国人民银行印发《关于发布金融行业标准加强移动金融客户端应用软件安全管理的通知》（银发〔2019〕237号文印发），从提升安全防护能力、加强个人金融信息保护、提高风险监测能力、健全投诉处理机制、强化行业自律等方面提出工作要求，并明确由中国互联网金融协会开展客户端软件实名备案、风险监测等工作。

10月24日，中共中央政治局就区块链技术发展现状和趋势进行第十八次集体学习，中共中央总书记习近平强调，把区块链作为核心技术自主创新重要突破口 加快推动区块链技术和产业创新发展。

10月28日，国家市场监管管理总局、中国人民银行发布《金融科技产品认证目录（第一批）》《金融科技产品认证规则》的公告，决定将支付技术产品认证扩展为金融科技产品认证。

11月15日，互联网金融风险专项整治工作领导小组办公室和网络借贷风险专项整治工作领导小组办公室联合发布《关于印发〈关于网络借贷信息中介机构转型为小额贷款公司试点的指导意见〉的通知》（整治办函〔2019〕83号），引导部分符合条件的网贷机构转型为小贷公司，主动处置和化解网贷机构存量业务风险。

12月5日，中国人民银行宣布启动金融科技创新监管试点工作，并支持在北京市率先开展金融科技创新监管试点。

自律管理

1月11日，中国互联网金融协会启动互联网金融反洗钱和反恐怖融资网络监测平台上线试运行。

1月21日，中国互联网金融协会成立金融科技发展与研究专业委员会。

3月6日，中国互联网金融协会发布《关于网络借贷不实广告宣传涉嫌欺诈和侵害消费者权益的风险提示》。

3月20日，中国互联网金融协会印发《关于开展高息现金贷等业务自查整改的通知》。

4月11日，中国互联网金融协会与公认反洗钱师协会（ACAMS）签署互联网金融合作谅解备忘录。

6月24日，中国互联网金融协会发布《互联网金融从业机构反洗钱和反恐怖融资风险管理及内控框架指引手册》，为广大从业机构开展反洗钱风险管理体系和内控机制建设提供借鉴参考。

9月9日，中国银行业协会联合建行大学、香港科技大学、深圳大学在深圳启动中国银行业金融科技师（CFT）认证课程培训示范项目。

9月11日，中国互联网金融协会向会员机构发布《关于明确互联网在线贷款综合年化成本披露和明示行为自律管理的通知》，旨在更好地保障广大金融消费者合法权益。

10月18日，中国互联网金融协会金融科技发展与研究专委会联合新华社瞭望智库发布《中国商业银行数字化转型调查研究报告》。

10月18日，中国互联网金融协会发布《中国互联网金融协会失联会员单位公示机制》。

10月29日，中国互联网金融协会、世界银行和杭州市人民政府在杭州共同举办2019全球数字金融发展和治理研讨会暨全球数字金融中心启动仪式。中国互联网金融协会会长李东荣，世界银行战略和业务局局长樊启淼，浙江省人民政府副省长朱从玖，杭州市委副书记张仲灿等出席。

11月6日，中国互联网金融协会向会员机构发布《关于增强个人信息保护意识依法开展业务的通知》，旨在引导会员机构增强个人信息保护意识，坚持合规、审慎经营，防范并纠正违反个人信息保护规定的行为。

12月3日，中国互联网金融协会在京召开金融业移动金融客户端应用软件备案管理工作试点启动会议。

12月13日，中国互联网金融协会发布《关于防范以区块链名义进行ICO与"虚拟货币"交易活动的风险提示》。

12月17日，以"金融科技助力现代金融体系建设"为主题的第三届中国互联网金融论坛在北京市海淀区举办。人民银行、国家外汇管理局、北京市人民政府、中国互联网金融协会有关负责同志出席论坛并演讲。

12月24日,中国支付清算协会正式上线金融科技产品认证管理平台,为金融科技产品检测认证工作提供服务。

行业市场

2月26日,京东数字科技推出一站式、全方位、智能化的资管科技系统"JT2智管有方"。

3月29日,微众银行和腾讯云成立"金融科技创新实验室",合作研发面向"开放银行"场景的金融科技应用。

4月3日,中国建设银行与腾讯在深圳签署金融科技联合创新实验室战略合作协议。

5月8日,中国工商银行通过附属机构在雄安新区设立工银科技有限公司。

6月13日,中国银行通过附属机构在上海设立中银金融科技有限公司。

8月3日,中国农业银行开放银行基础平台成功实施投产。

9月25日,蚂蚁金服和阿里云共同宣布启动"双剑合璧"计划,将通过全面整合金融科技与服务能力,持续为金融行业提供技术底座支撑。

10月20日,中国银联与工商银行、农业银行、中国银行、建设银行、交通银行等60余家机构联合发布全新智能支付产品"刷脸付"。

11月8日,中国工商银行发布智慧银行生态系统ECOS。

11月4日,中国工商银行宣布中国工商银行股份有限公司金融科技研究院正式成立。

11月27日,中国邮政储蓄银行宣布与蚂蚁金服在北京签署全面深化战略合作协议。

11月28日,百信银行发布开放银行生态加速器暨UP加速器。

12月11日,由中国人民银行、深圳市人民政府指导,国家金融IC卡安全监测中心牵头建设的国家金融科技测评中心在深圳揭牌成立。

12月16日,中国工商银行与阿里巴巴、蚂蚁金服在北京签署全面深化战略合作协议。

附录2　网贷行业总体情况表

P2P网贷行业总体情况表

（截至2019年12月31日）

单位：亿元、家、万人、%

	年末余额	比上年末增减
平台数量（家）	7 016	0
运营平台	183	−1 195
问题平台	6 833	1 195
历史累计参与人数（万人）	26 453.40	4 393.71
历史累计出借人数	6 614.55	−35.74
运营平台	1 700.46	−3 239.86
问题平台	4 914.09	3 204.12
历史累计借款人数	19 838.85	4 429.45
运营平台	7 983.37	−6 568.00
问题平台	11 855.48	10 997.45
运营平台历史累计借款发生额（亿元）	23 087.00	−34 895.34
运营平台当年累计借款发生额（亿元）	3 432.50	−10 497.67
运营平台的平均借款利率（%）	9.39	−0.31
运营平台的平均借款期限（月）	15.62	0.86
平台借贷余额	5 303.65	−4 154.53
运营平台	2 364.77	−6 259.11
问题平台	2 938.88	2 104.58

注：①本表部分数据通过互联网手段采集，根据机构实际业务情况进行监测。
　　②平均借款利率和平均借款期限为按今年全年新发借款计算的加权平均值。

P2P网贷运营平台数量及借贷余额按利率和期限分类情况表

(截至2019年12月31日)

单位:家、亿元

	年末数量	比上年末增减
各利率区间平台数量(家)	169	-979
利率8%以下	19	-79
利率8%~12%	58	-402
利率12%~18%	12	-116
利率18%~24%	0	-3
利率24%以上	0	-1
无法划分	80	-378
各借款期限平台数量(家)	169	-979
1个月以下	0	-17
1~3个月	6	-147
3~6个月	23	-231
6~12个月	38	-166
1年以上	22	-40
无法划分	80	-378
各利率区间平台的借贷余额	2 364.77	-6 259.11
利率8%以下	298.89	-279.08
利率8%~12%	1 642.95	-4 254.66
利率12%~18%	379.80	-436.49
利率18%~24%	0.00	-0.63
利率24%以上	0.00	0.00
无法划分	43.13	-1 288.25
各借款期限平台的借贷余额	2 364.77	-6 259.11
1个月以下	0.00	-5.80
1~3个月	19.48	-305.54
3~6个月	53.76	-671.54
6~12个月	481.36	-1 085.95
1年以上	1 767.04	-2 902.03
无法划分	43.13	-1 288.25

注:运营平台中有169家能获取详细业务数据,以此为统计样本;期限和利率按照今年全年新发借款的平均借款期限和平均借款利率划分;"无法划分"指无法获取相关数据。

P2P网贷行业总体情况时序表

（截至2019年12月31日）

单位：亿元、家、万人、%

	2019年1月	2019年2月	2019年3月	2019年4月	2019年5月	2019年6月
平台数量	7 016	7 016	7 016	7 016	7 016	7 016
运营平台	1 301	1 273	1 230	1 177	1 144	871
问题平台	5 715	5 743	5 786	5 839	5 872	6 145
当月新上线平台数量	0	0	0	0	0	0
当月新增问题平台数量	77	28	43	53	33	273
参与人数（万人）	22 592.45	24 192.59	24 558.76	24 875.65	25 193.39	25 728.95
历史累计出借人数	6 669.43	7 006.44	7 036.92	7 065.20	7 062.18	7 073.79
运营平台	5 026.04	4 930.01	5 161.96	4 962.41	4 856.35	4 675.05
问题平台	1 643.39	2 076.43	1 874.96	2 102.79	2 205.83	2 398.74
历史累计借款人数	15 923.02	17 186.15	17 521.84	17 810.45	18 131.21	18 655.16
运营平台	15 128.30	15 307.36	16 574.11	15 982.84	16 224.25	16 422.82
问题平台	794.72	1 878.79	947.73	1 827.61	1 906.96	2 232.34
平台借贷余额	9 066.17	9 458.42	8 787.38	8 386.63	8 037.16	7 176.79
运营平台	8 414.25	8 261.14	8 159.44	7 725.82	7 385.62	6 578.37
问题平台	651.92	1 197.28	627.94	660.81	651.54	598.42
运营平台的加权平均利率（%）	9.93	9.78	9.99	9.77	9.84	9.84
	2019年7月	2019年8月	2019年9月	2019年10月	2019年11月	2019年12月
平台数量	7 016	7 016	7 016	7 016	7 016	7 016
运营平台	719	628	573	435	339	183
问题平台	6 297	6 388	6 443	6 581	6 677	6 833
当月新上线平台数量	0	0	0	0	0	0
当月新增问题平台数量	152	91	55	138	96	156
参与人数（万人）	27 581.87	27 520.23	27 928.65	26 337.08	23 675.09	26 453.40
历史累计出借人数	7 141.51	6 806.69	6 820.30	7 069.23	5 609.42	6 614.55
运营平台	4 547.10	3 673.26	3 550.42	2 998.81	1 781.12	1 700.46
问题平台	2 594.41	3 133.43	3 269.88	4 070.42	3 828.30	4 914.09
历史累计借款人数	20 440.36	20 713.54	21 108.35	19 267.85	18 065.67	19 838.85
运营平台	17 572.09	14 667.75	14 259.14	11 347.27	10 567.61	7 983.37
问题平台	2 868.27	6 045.79	6 849.21	7 920.58	7 498.06	11 855.48
平台借贷余额	7 311.35	7 184.15	6 850.40	6 340.72	4 738.20	5 303.65
运营平台	6 457.99	5 147.54	4 855.96	4 002.61	2 997.82	2 364.77
问题平台	853.36	2 036.61	1 994.44	2 338.11	1 740.38	2 938.88
运营平台的加权平均利率（%）	9.83	9.79	9.72	9.49	9.48	9.39

后 记

《中国互联网金融年报（2020）》在总体结构、写作风格上延续了往年年报的做法，对2019年行业发展情况进行梳理，分析了相关风险与挑战，并对行业未来发展作出了展望。作为一本全面、客观的行业年度报告，不仅适合监管部门和研究机构在日常工作中参考使用，也为互联网金融从业者、消费者等提供了大量有价值的信息和数据资料。

本年报主要执笔人为：丁洋洋、吕钰涛、杨海盟、靳亚茹（第一章），付大源（第二章），陈勇（第三章），刘绪光、常润生（第四章），苏莉、罗勇（第五章），赵坤（第六章），黄琨、袁磊（第七章），郭笑雨、刘长迎（第八章），任家琪（专题1），张艳、刘燕青（专题2），周钰博、王平（专题3），王琳、陈鑫（专题4），战天舒、侯雪瑞（附录1），王天晰、葛子川（附录2）。

除上述人员之外，对参与并支持本年报编写工作的所有机构，以及方晓月、刘诗怡、阳硕、杨卓凡、汪烨灵、陈丹琪、赵晋轩、胡芳、姜雁等参与人员表示感谢。

编委会

2020年10月